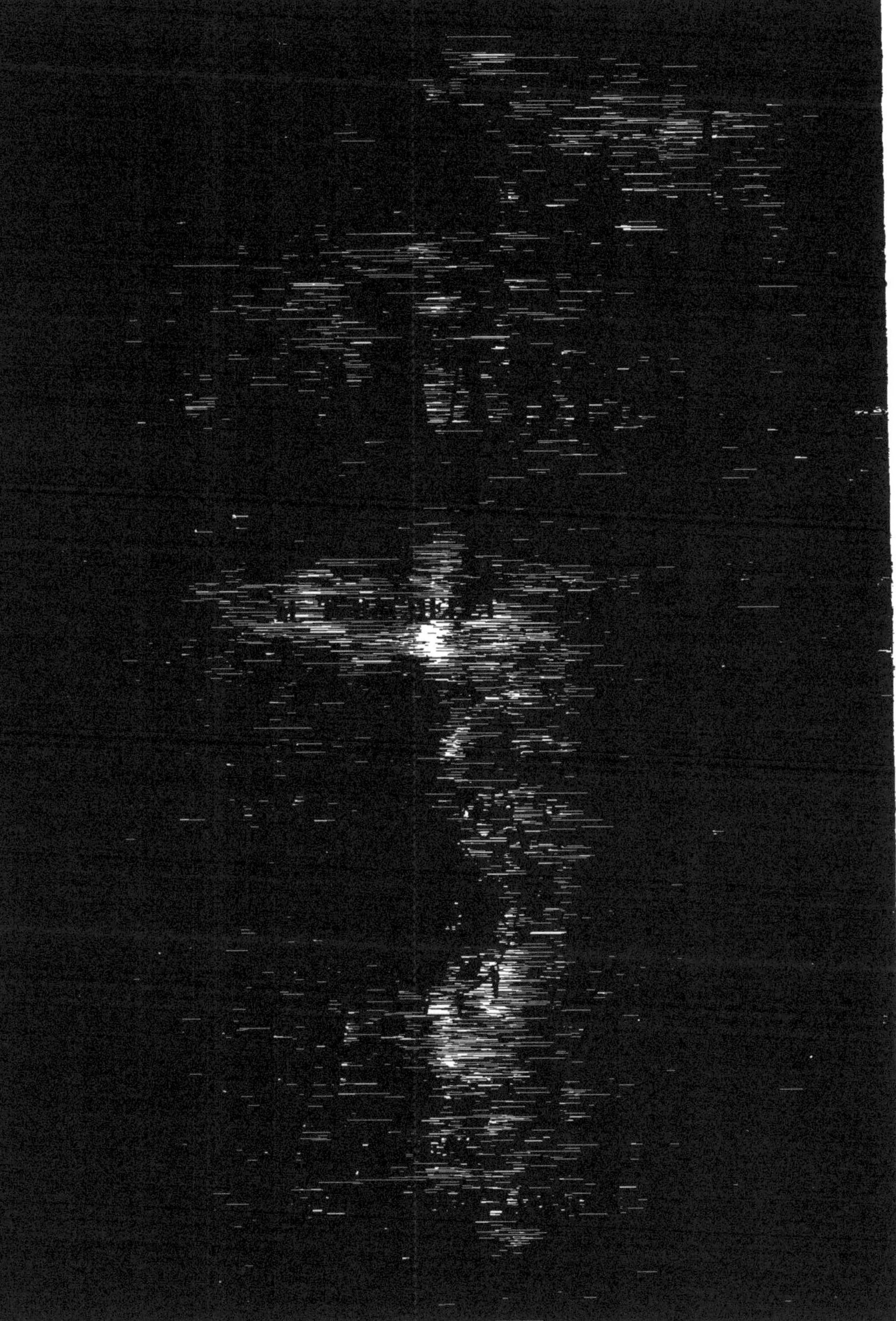

BIBLIOTHÈQUE MORALE

DE

LA JEUNESSE

Mégard et Cie

Mahomet et les Arabes Titre.

Premières prédications de Mahomet en présence
de sa famille et de ses amis.

MAHOMET

ET

LES ARABES

PAR

M. T. BACHELET

ROUEN

MÉGARD ET Cie, IMPRIM.-LIBRAIRES

Avis des Éditeurs.

LES Éditeurs de la **Bibliothèque morale de la Jeunesse** ont pris tout-à-fait au sérieux le titre qu'ils ont choisi pour le donner à cette collection de bons livres. Ils regardent comme une obligation rigoureuse de ne rien négliger pour le justifier dans toute sa signification et toute son étendue.

Aucun livre ne sortira de leurs presses, pour entrer dans cette collection, qu'il n'ait été au préalable lu et examiné attentivement, non-seulement par les Éditeurs, mais encore par les personnes les plus compétentes et les plus éclairées. Pour cet examen, ils auront recours particulièrement à des Ecclésiastiques. C'est à eux, avant tout, qu'est confié le salut de l'Enfance ; et, plus que qui que ce soit, ils sont capables de découvrir ce qui, le moins du monde, pourrait offrir quelque danger dans les publications destinées spécialement à la Jeunesse chrétienne.

Toute observation à cet égard peut être adressée aux Éditeurs sans hésitation. Ils la regarderont comme un bienfait non-seulement pour eux-mêmes, mais encore pour la classe si intéressante de lecteurs à laquelle ils s'adressent.

MAHOMET

ET

LES ARABES.

CHAPITRE I.

—

L'ARABIE AVANT MAHOMET.

I.

Division ancienne de l'Arabie en Arabie Déserte, Arabie Pétrée et Arabie Heureuse. — Divisions actuelles : Hedjaz, Nedjed, Tehama, Yémen, Hadramaut, Oman, Bahreïn. — Pêche des perles. — Climat de l'Arabie. — Productions. — Le chameau et le cheval.

Entre le golfe Persique, la Syrie, la mer Rouge et l'océan Indien, s'étend la péninsule Arabique, dont la configuration présente une frappante analogie avec celle de l'Espagne, et dont l'étendue est de plus de cent cinquante mille lieues carrées. Un géographe grec, Ptolémée, établit le premier la division de cette vaste contrée en trois régions principales : l'Arabie Pétrée, l'Arabie Déserte, l'Arabie Heureuse.

L'Arabie Pétrée était cette contrée montagneuse qui s'étend entre la Palestine et l'Égypte. Là vécurent ces tribus nomades qui se détachèrent de la souche hébraïque à partir d'Abraham, et que Dieu n'avait pas admises à conserver l'héritage de la vraie religion : les Edomites ou Iduméens, issus d'Edom ou Ésaü; les Amalécites, ainsi nommés d'Amalec, petit-fils d'Ésaü; les Madianites, qui reconnaissaient pour père Madian, fils d'Abraham et de Céthura. Là aussi s'accomplirent plusieurs événements mémorables de l'histoire du peuple juif : ainsi Dieu apparut à Moïse, sur le mont Horeb, sous la forme d'un buisson ardent; il lui donna sa loi du haut du Sinaï; les Hébreux passèrent quarante années dans le désert, où l'on voit encore le rocher qui se fendit sous la verge de Moïse, et les puits amers de Marah. Près de la mer Rouge étaient des villes commerçantes, Petra, Elath et Asion-Gaber; les habitants de l'Égypte et de la Phénicie venaient y échanger leurs étoffes contre l'encens, la myrrhe et les aromates.

L'Arabie Déserte comprenait les immenses plaines du centre, de l'est et du nord, dont Jérémie a dit : « Terre inhabitée et inaccessible, terre sèche et aride, image de la mort, terre où jamais l'homme n'a passé, où il ne demeurera jamais. » C'est, en effet, selon les expressions du plus éloquent des naturalistes, « une terre morte, et pour ainsi dire écorchée par les vents, laquelle ne présente que des ossements, des cailloux jonchés, des rochers debout ou renversés. » Sur cet océan de sable, où surnagent quelques oasis verdoyantes, souffle l'*ange de la mort*, le brûlant et sulfureux *simoun*, dont les tourbillons engloutissent parfois les caravanes. Point de rivières, point de lacs; mais, à de rares intervalles, le voyageur trouve une eau tiède et saumâtre, que l'on conserve dans des citernes. A la frontière de la Palestine, habitaient, dans les temps anciens, deux tribus que mentionnent les traditions bibliques : les Ammonites et les Moabites, issus d'Ammon et de Moab, enfants de Loth. Ce fut là aussi qu'Ismaël et sa mère Agar, repoussés par Abraham, cherchèrent un refuge.

L'Arabie Heureuse, située au sud-ouest, a une température douce et un sol plus fertile. L'imagination des écrivains anciens prêta les plus brillantes couleurs à cette région favorisée de la nature. Selon Strabon, Mariaba, capitale des Sabéens, était une merveilleuse cité; les murs des maisons, les portes, les toits étaient ornés d'ivoire, d'or, d'argent, incrustés de pierres précieuses; des lits, des trépieds, des cratères richement ciselés ornaient ces somptueuses demeures. « Les dernières contrées de l'Arabie vers le midi, dit Eratosthène, sont arrosées par des pluies d'été, et l'on y sème deux fois par an, comme dans l'Inde. Outre que ces pays produisent beaucoup de fruits, on y fait une grande quantité de miel; les bestiaux y sont abondants, et l'on y trouve des oiseaux de toute espèce. » Hérodote décrit avec soin les différentes espèces d'aromates :

« L'Arabie, qui, du côté du Midi, est l'extrémité de la terre habitable, comme l'Inde l'est du côté de l'Orient, est remarquable par ses productions. C'est dans l'Arabie seule que naissent l'encens, la myrrhe, la casie, le cinnamome (la cannelle) et le ladanum. Mais toutes ces denrées précieuses, si vous en exceptez la myrrhe, coûtent aux Arabes beaucoup de peine à recueillir. Par exemple, ils ne peuvent récolter l'encens qu'en faisant brûler du styrax, sorte de résine que les Phéniciens apportent en Grèce. Les arbres qui donnent l'encens sont défendus par une espèce de serpents d'une très-petite dimension, et qui ont une sorte d'ailes. Chaque arbre est habité par un très-grand nombre de ces reptiles, semblables d'ailleurs à ceux qui viennent désoler l'Égypte, et l'on ne peut les écarter de leur retraite que par la fumée du styrax.

« Quant à la casie, pour en faire la récolte, ils se couvrent le corps et la figure de cuirs de bœufs ou d'autres peaux, à l'exception des yeux, et se mettent en marche ainsi équipés. La plante croît dans des marais peu profonds; autour de ces marais, et même dans leurs eaux, vit une espèce d'animaux ailés, assez semblables aux chauves-souris, et qui font entendre d'horribles sifflements. Ces animaux sont très-forts; mais les Arabes, impénétrables à leurs coups, n'ont plus qu'à les écarter de leurs yeux, et parviennent ainsi à faire la récolte de la casie.

« Le cinnamome se recueille d'une manière encore plus merveilleuse. On ne sait ni dans quel pays cette plante naît, ni dans quelle sorte de terre elle croît. Tout ce que l'on dit, et qui paraît assez vraisemblable, c'est qu'elle est originaire des lieux où Bacchus a été nourri. Ce sont de grands oiseaux qui enlèvent les bâtons de cinnamome. Ils les portent dans leurs nids, qu'ils construisent avec de la terre détrempée, et qu'ils suspendent sur des précipices de montagnes tout-à-fait inaccessibles aux hommes. Les Arabes ont donc recours à un expédient particulier pour s'emparer de ces bâtons. Ils placent, dans les environs des montagnes, des lambeaux de chair de bœuf, d'âne ou de tout autre animal, et les laissent à la portée des nids; ils s'éloignent ensuite. Les oiseaux viennent voltiger autour de ces appâts, les enlèvent et les transportent dans leurs nids, qui, surchargés d'un poids qu'ils ne peuvent soutenir, finissent par se rompre et tomber à terre. Les Arabes surviennent, ramassent le cinnamome qu'ils y trouvent, et, après avoir fait leur récolte dans un lieu, ils passent dans un autre *

« Le ladanum offre aussi dans sa récolte des particularités plus extraordinaires que le cinnamome. Quoique d'une odeur parfaitement agréable, on ne le trouve que dans un lieu tout-à-fait fétide : c'est dans la barbe des boucs et des chèvres qu'il se rencontre, sous la même forme que les gommes qui découlent de quelques arbres. On emploie cet aromate dans le plus grand nombre des parfums ; les Arabes en font beaucoup usage. Voilà ce que j'avais à rapporter sur les parfums de l'Arabie. Toute la contrée qui les produit répand au loin une odeur délicieuse, et pour ainsi dire divine. »

Les Arabes n'ont jamais connu la division de leur pays adoptée par les anciens, et qui nous est restée familière. Ils distinguent sept régions : l'Hedjaz, le Nedjed, le Tehama, l'Yémen, l'Hadramaut, l'Oman et le Bahreïn.

L'Hedjaz, l'une des provinces les moins étendues

* Hérodote se trompe en disant que l'Arabie produit la cannelle.

et les plus stériles, mais la plus célèbre de toutes, par la naissance du mahométisme, s'étend au nord-ouest de la péninsule, sur les bords de la mer Rouge. Ses principales villes sont : La Mecque, la *mère des cités*, la *patrie de la foi*, dont le marché est, pendant quelques mois, très-riche et très-varié; Iatreb ou Médine, capitale de l'empire des Arabes après Mahomet, et où se trouve encore le tombeau de ce personnage; Yanbo et Djeddah, ports de mer qui approvisionnent, l'un Médine, et l'autre La Mecque; Taïef, dont les nombreux jardins produisent des raisins, des figues, des coings et des grenades.

Le Nedjed, dans lequel rentre l'ancienne province d'Yémama ou Ajoud, est la région centrale de l'Arabie. « Solitude absolue, dit Buffon, mille fois plus affreuse que celle des forêts; car les arbres sont des êtres pour l'homme qui se voit seul. Plus isolé, plus dénué, plus perdu dans ces lieux vides et sans bornes, il voit partout l'espace comme son tombeau. La lumière du jour, plus triste que l'ombre de la nuit, ne renaît que pour éclairer sa nudité, son impuissance, et pour lui présenter l'horreur de sa situation, en reculant à ses yeux les barrières du vide, en étendant autour de lui l'abîme de l'immensité qui le sépare de la terre habitée, immensité qu'il tenterait en vain de parcourir ; car la faim, la soif et la chaleur brûlante pressent tous les instants qui lui restent entre le désespoir et la mort. » Les oasis qui parsèment le Nedjed nourrissent pourtant une population nombreuse ; des fruits variés, des grains d'une bonne qualité y croissent, et d'immenses troupeaux s'y élèvent dans les pâturages. C'est de là que sortent les races fameuses de chevaux arabes et les chameaux estimés par leur force, leur vitesse, leur sobriété.

On donne le nom de Tehama ou Gaur à la plaine sablonneuse qui s'étend au sud-ouest, le long de la mer Rouge, jusqu'à Aden. C'est un sol infertile, qui présente d'épaisses couches de sel, et dont le littoral est garni de bancs de corail.

Dans l'Yémen sont réunies toutes les richesses de l'Arabie. Les montagnes y contiennent l'onyx, l'agate, le rubis. Parmi les villes, on distingue : Sana, fameuse par ses élégantes mosquées ; Rodah, résidence favorite des marchands, qui s'y livrent à la culture de la vigne, de la pêche, de l'abricot et de la prune; Mareb, que l'on croit être l'ancienne Saba, dont la reine visita Salomon; Moka, dont le café est le principal objet de commerce et d'exportation; Aden, qui appartient aux Anglais.

L'Hadramaut s'étend à l'est de l'Yémen, sur les bords de l'océan Indien; on y rattache le pays de Mahrah. Les principales villes de cette province sont Schibam, Terim et Seywoum. « La contrée est très-pauvre, dit un écrivain arabe. Les seules ressources de ses habitants consistent dans le transport des marchandises et dans le commerce des chèvres et des chameaux. Ils vivent de poisson, de dattes, de laitage, et ne boivent que très-peu d'eau. »

L'Oman est cette partie de l'Arabie baignée à la fois par les eaux de la mer des Indes et du golfe Persique. Les plaines sablonneuses y sont dans une bien plus grande proportion que les terres cultivées. Les dattiers et les palmiers forment de véritables forêts. La ville la plus importante, comme place de commerce, est Maskate.

La province de Bahreïn, nommée aussi El-

Haça, s'étend le long du golfe Persique, depuis le cap Mussendom jusqu'à l'embouchure de l'Euphrate. Les sables mouvants apportés par les vents du désert la changent souvent en une steppe aride ; une vingtaine de bourgades sont abritées sous des bouquets de palmiers. Les villes d'El-Haça et d'El-Katif sont de riches entrepôts de commerce.

En face de la côte du Bahreïn se trouvent les îles Bahreïn, centre des pêcheries de perles les plus abondantes du monde entier. Un géographe arabe décrivait au douzième siècle la pêche des perles, comme elle se pratique encore aujourd'hui :

« L'île principale du Bahreïn se nomme Awal. C'est là que résident ceux qui se livrent à la pêche des perles. Des marchands, porteurs de sommes considérables, s'y rendent de toutes les parties du monde, et louent des plongeurs, moyennant un salaire dont le taux est fixé. La pêche a lieu en août et en septembre, ou même avant cette époque, si les eaux sont assez limpides. Chaque marchand est accompagné du plongeur qu'il a loué, et toute la flottille sort de la ville au nombre de plus de deux cents *doundj*, grandes barques construites avec un entrepont que les marchands divisent en cabines au nombre de cinq ou six, aucun d'entre eux ne devant empiéter sur la cabine d'un autre dans le navire. Chaque plongeur a un compagnon qui doit l'aider dans son travail; cet aide se nomme le *moussfi*. Les pêcheurs partent donc tous ensemble, accompagnés d'un guide habile. Il y a certains lieux qu'ils connaissent, et où ils savent, à n'en pouvoir douter, qu'ils trouveront des huîtres à perles; car l'huître a des bancs autour desquels elle tourne, où elle pénètre, d'où elle sort selon les diverses époques de l'année. Les pêcheurs suivent le guide dans leurs navires, avec ordre, sans le dépasser, ni sans s'écarter de sa route. Parvenu au lieu où l'on suppose que se trouve un banc de perles, le guide se dépouille de ses vêtements, plonge dans la mer, et regarde. S'il trouve la place favorable à la pêche, au sortir de l'eau il fait abattre la voile de sa *doundj* et jeter l'ancre; les autres navires s'arrêtent également, et tous les plongeurs se mettent à l'œuvre. La profondeur des bancs varie de deux à trois brasses. Lorsque le plongeur s'est dépouillé de ses vêtements, il se bouche les narines d'une sorte d'onguent composé de cire fondue avec de l'huile de sésame ; il prend son couteau et un petit sac destiné à contenir les huîtres qu'il pourra trouver. Chaque plongeur est muni d'une pierre pesant quatre quintaux ou environ, laquelle est attachée à une corde mince, mais solide. L'aide ou compagnon tient avec force cette corde, tandis que le plongeur, plaçant ses pieds sur la pierre, et serrant la corde avec ses mains, s'élance dans la mer. Alors le compagnon laisse glisser la corde, le plongeur descend rapidement au fond de l'eau, et, lorsqu'il y est parvenu, il s'assied, ouvre les yeux, regarde autour de lui, ramassant avec promptitude toutes les huîtres qu'il peut atteindre. S'il parvient à remplir son sac, c'est à merveille ; sinon, il tâche de s'écarter un peu sans quitter la pierre ni la corde. Quand il est fatigué, il remonte à la surface de l'eau, reprend haleine, et plonge de nouveau pour faire de nouvelles recherches. Chaque fois que le sac est plein, le compagnon le tire du haut de la barque, le vide dans sa cabine et le renvoie au plongeur. Lorsqu'ils se sont livrés au travail pendant deux heures, les plongeurs remontent et se reposent. Le *moussfi* se met alors à ouvrir les huîtres; le marchand assiste à l'opération, en recueille le produit, et en prend note par écrit. Quand un banc est épuisé, on se transporte sur un autre. A la fin de la pêche, tous retournent à Awal, rapportant leurs perles renfermées dans des bourses. Chacune de ces bourses porte une étiquette indiquant le nom du propriétaire, et est scellée d'un cachet. Au moment du débarquement, toutes les bourses sont retirées des mains des marchands, et mises sous la responsabilité du gouverneur. Quand vient le jour de la vente, tous les marchands prennent place dans le lieu destiné à cette opération; on apporte les bourses et on appelle par son nom chacun des propriétaires. Les cachets sont brisés l'un après l'autre, et l'on verse chaque lot de perles dans trois cribles superposés. Ces cribles sont percés de trous d'une dimension telle, qu'ils donnent passage aux petites perles et aux moyennes, en sorte qu'il ne reste sur le crible supérieur que les grosses, et que les petites demeurent au-dessus du dernier. On sépare ainsi les espèces, on les estime, et on en annonce le prix à haute voix. Si le marchand désire garder sa marchandise, on l'inscrit sous son nom ; s'il préfère la vendre, celui qui l'achète est tenu de la payer comptant, de telle sorte que le marchand acquitte sa dette envers le plongeur, et qu'ils se séparent satisfaits l'un de l'autre. Quand il se trouve dans la récolte quelque perle d'une beauté rare, le gouverneur de l'île d'Awal la réserve et l'inscrit lui-même au nom du prince des croyants; mais l'équité préside toujours à ces sortes de marchés, et il n'y a pour personne aucun sujet légitime de plainte* » Le produit des pêcheries du golfe Persique est maintenant d'à peu près 5,000,000 de francs.

L'Arabie offre dans son climat de grandes différences, dans ses productions une grande variété. En général, ses caractères sont la sécheresse, la chaleur et la stérilité. Le soleil brûle les solitudes du Nedjed; les habitants des basses terres sur les bords de la mer Rouge supportent une cha-

* Edrisi, trad. de M. Jaubert.

leur lourde, qui pénètre d'humidité les vêtements et rend les maisons malsaines. Suivant les vents qui dominent, chaque partie de la péninsule est tour à tour arrosée par des pluies périodiques, qui suffisent à peine à former quelques torrents. La sécheresse engendre des fièvres, des dyssenteries, des maladies contagieuses qui dégénèrent quelquefois en véritable peste. Un froid rigoureux règne souvent dans la presqu'île du Sinaï, et on trouve de la glace en été sur les hauteurs voisines de Taïef.

Les anciens attribuaient à l'Arabie de nombreuses mines d'or, de pierres gemmes, de topazes, d'émeraudes. Leur témoignage unanime peut surprendre les modernes ; car il y a aujourd'hui pénurie presque absolue de ces matières précieuses. Le règne végétal offre plus de richesses. Sans parler de la canne à sucre, dont les plantations ont disparu depuis la découverte de l'Amérique, l'Yémen produit des roseaux dont on couvre les habitations, et une sorte de jonc à tige fine et flexible, employé pour faire des nattes habilement tressées. La casse, le séné et le ricin ont été placés par la Providence en Arabie, où la température occasionne souvent de cruelles épidémies. Le désert a ses arbustes gras ou salins, l'aloès, la soude. Le plus grand nombre des arbres fruitiers d'Europe croissent dans les vallées fertiles, la pomme, la poire, la pêche, l'abricot, le citron, l'orange, la grenade, le raisin. Parmi les espèces forestières, on compte le sycomore, le lotus épineux, l'acacia dont on tire la gomme, le frêne qui produit la manne. L'Arabie Heureuse s'enorgueillit encore d'autres arbres précieux, le bananier, le bétel, la noix muscade, le sésame oléifère, le tamarin, l'arbre à baume, le palmier et le caféier. Le cotonnier et l'indigo fournissent au vêtement de l'Arabe la matière et la couleur; le tronc du dattier sert à la construction des maisons, ses fibres fournissent l'étoupe, ses feuilles l'ombre, sa moëlle un potage nourrissant, et ses grappes de dattes un mets substantiel. Le froment, le maïs, l'orge, le riz, les plantes potagères viennent dans quelques régions.

Parmi les animaux de l'Arabie, la gazelle, le chacal, l'autruche ne rendent aucun service à l'homme, dont ils fuient l'approche. Souvent les sauterelles ravagent la moisson : selon le rapport du voyageur Burckhardt, elles se montrent quelquefois dans le Nedjed en si prodigieuse quantité, qu'après avoir anéanti la récolte, elles pénètrent par milliers dans les habitations, et dévorent tout ce qu'elles peuvent trouver, même le cuir des outres. Les Arabes vénèrent une espèce de grive qui, chaque année, vient de la Perse pour faire la guerre aux sauterelles. Sans le chameau et le cheval, la plus grande partie du pays serait inhabitable.

Le chameau est un animal sacré, un présent du Ciel, le *vaisseau du désert*. Il porte de lourds fardeaux; il souffre longtemps la fatigue, la soif et la faim. Sa chair est bonne à manger, tant qu'il est jeune; le lait de la chamelle est toujours excellent; l'Arabe fait des vêtements de son poil, et un fil précieux de son crin; avec sa fiente il entretient le feu, et fait griller des poignées de farine pétrie. Parfois il ordonne, avant d'expirer, qu'on attache un chameau près de son sépulcre, et qu'on le laisse sans boire ni manger, afin qu'il meure et soit son compagnon dans l'autre monde.

L'Arabe aime son cheval, l'associé de sa vie errante, de sa gloire et de ses misères. Il conserve aussi précieusement que la sienne, la généalogie de ce coursier ardent et vigoureux. « Qu'on sache, dit un poète, qu'en temps de disette je partage avec lui mon repas, et que je le couvre de mon manteau quand il gèle. » L'Arabe élève son cheval avec ses enfants, et avec non moins de soin ; il lui parle, il l'aime comme sa femme, comme son palmier natal ; s'il vient à mourir, il le pleure comme un ami fidèle. Son extrême affection est exprimée dans cette phrase proverbiale en Arabie : « Va laver les pieds de ta monture, et bois l'eau ensuite. » Le poète Amrou, qui parut un siècle avant Mahomet, dit de son cheval :

« Avant que les oiseaux ne soient encore sortis de leur nid, je saute sur un haut et agile coursier, au poil ras et luisant, qui devance les bêtes les plus légères, et les devance dans leur fuite. Plein de force et de vigueur, il se détourne, il fuit, il avance, il recule en un instant, avec la rapidité du caillou que le torrent détache et précipite du haut d'un rocher. Son poil rougeâtre et luisant repousse la sueur, qui coule sur son dos comme des gouttes d'eau tombant sur un marbre poli. Ses flancs sont minces et allongés. Il brûle d'une noble impatience, et, dans l'ardeur qui l'anime, sa voix entrecoupée imite le frémissement de l'eau qui bouillonne dans un vase d'airain. Tandis que les coursiers les plus généreux, une fois fatigués, impriment profondément dans la poussière la trace de leurs pas, celui-ci précipite encore sa marche rapide. Le cavalier jeune et léger est infailliblement renversé par la violence de son choc, et il fait voltiger au gré de ses mouvements impétueux les habits du vieillard que l'âge a rendu plus pesant. Lui-même ressemble à cette rondelle que l'enfant fait tournoyer enfilée à une corde. Il a les reins d'une gazelle, les jambes d'une autruche; il trotte comme le loup, et galope comme le jeune renard. Ses hanches sont larges et robustes; si vous le regardez par derrière, sa queue touffue, traînant jusqu'à terre, remplit tout l'espace entre ses jambes, sans incliner plus d'un côté que de l'autre. Quand il est debout près de ma tente, le poli de son dos est pareil à celui du marbre sur lequel on broie des parfums pour une jeune épouse au jour de ses noces. »

Un autre poète, Lebid, chante à son tour: « Je veille sans cesse à la défense de ma tribu; un agile coursier porte mes armes. Sa bride, même quand j'ai mis pied à terre, entoure mes reins et me sert de ceinture. Je m'élance au haut d'une colline pour épier les mouvements de l'ennemi; un étroit espace me sépare de leur troupe, et la poussière qui s'élève autour de moi atteint leurs étendards. Ce poste périlleux, je le garde jusqu'à ce que le soleil dans sa course rejoigne la sombre nuit, jusqu'à ce qu'elle couvre de ses voiles épais les lieux par où nos ennemis pourraient nous attaquer avec avantage. Je ramène alors mon cheval dans la plaine : il marche la tête haute, semblable au palmier dont les rameaux, s'élançant d'une tige élevée, dérobent leurs fruits à l'avidité de celui qui voudrait les cueillir. Je hâte sa course, et bientôt elle dépasse en vitesse celle de l'autruche. Quand la chaleur est grande, et qu'il vole avec une extrême légèreté, la selle s'agite sur ses reins, l'eau coule sur son poitrail, les courroies sont baignées de la sueur écumante dont il est couvert. Il dresse la tête, comme pour se soustraire à la bride qui modère son ardeur. C'est la rapidité de la colombe qui, dévorée de soif, fend l'air et précipite son vol vers le ruisseau où elle va se désaltérer. »

II.

Origine des Arabes. — Leur Histoire primitive. — Rapports avec les Perses, les Grecs et les Romains. — Mœurs et institutions des Arabes. — Habitudes belliqueuses, esprit de rapine, hospitalité, amour de la vengeance, goût pour la poésie. — Conversation entre Nouman et Chosroës II.

Les Arabes n'ont pas d'histoire; car l'histoire est le tableau des révolutions, qui, sourdes ou retentissantes, lentes ou spontanées, marquent d'une trace trop souvent sanglante la route par laquelle un peuple a passé. Il n'y a d'histoire que pour ce qui a vie, pour ce qui se meut et agit, pour ce qui change et se transforme. Aussi les peuples qui, comme les Arabes, sont toujours marqués du même sceau, enchaînés aux mêmes coutumes, qui toujours passent et repassent avec le même costume sous l'œil des siècles, qui restent enfin comme les débris vivants de l'ancien monde, comme les monuments immuables du passé, n'auront pas plus d'histoire que ne peut en avoir le monde matériel, qui est maintenant ce qu'il était il y a six mille ans, qui dure seulement et ne vit pas. Qu'un voyageur visite aujourd'hui le désert, et il trouvera partout autour de lui les mœurs des anciens Hébreux, quand ils se partageaient encore, comme Loth et Abraham, les cantons de pâturages, ainsi que le font les sauvages de l'Amérique pour les cantons de chasse *.

Comme les autres nations, l'Arabie a ses traditions fabuleuses. Telle est l'existence des tribus d'Ad, de Thamoud, de Djadis, de Tasm, de Djoram, etc., qui descendaient d'Aram, un des fils de Sem, et que la colère divine aurait détruites. A part quelques tribus issues de Chus, fils de Cham, qui s'établirent sur les rives de l'Euphrate et du golfe Persique, il est certain du moins que tous les Arabes étaient de race sémitique.

Deux peuples principaux se sont en quelque sorte partagé la péninsule. L'un faisait remonter son origine à Kahtan, qui est le même personnage que le Jectan de la Bible, fils d'Héber et petit-fils de Sem; l'autre prétendait descendre d'Ismaël, fils d'Abraham et d'Agar.

Iarab, fils de Kahtan, s'établit dans l'Yémen, et donna son nom aux Arabes. Ses descendants,

---

* Victor Duruy, *Études sur l'Islamisme.*

qu'on appelle souvent Jectanides, élevèrent de villes, et se livrèrent aux travaux de l'agricul ture. Parmi eux, on distingue Saba, Cahlan e Himyar, chefs de tribus qui ont porté leur nom (Sabéens, Cahlanides et Himyarites).

Les Ismaélites, répandus dans l'Hedjaz, vivaien sous la tente, faisaient paître leurs troupeau et s'adonnaient au commerce. Ils ont toujou reconnu l'antériorité nationale des Arabes d l'Yémen, qu'ils proclamaient *Aribah* ou Arabes d pur sang, tandis qu'ils se déclaraient eux-mêm *Moustarribi* ou entés sur les Arabes par le mariag d'Ismaël avec une fille des Jectanides. C'est parm eux que devait naître Mahomet.

Les tribus du désert, animées d'un vif amo de l'indépendance, ont échappé à toute dom nation étrangère. Une fois seulement, on les v menacer la liberté de leurs voisins : 2000 a environ avant J.-C., elles envahirent à la fois, so les noms d'Hycsos et de Pasteurs, l'Égypte et région de l'Euphrate; expulsées de l'une par l rois de Thèbes, de l'autre par Bélus, fondate du premier empire assyrien, elles disparurent l'histoire, et Sésostris prit une peine inutile, qua il construisit une muraille de quinze cents stades, depuis Péluse jusqu'à Héliopolis, pour leur fermer le passage de l'isthme de Suez. Les Arabes furent souvent envahis, jamais subjugués. Cyrus les respecta; Cambyse, se rendant en Égypte, leur demanda la permission de passer sur leurs terres. Les Grecs n'allèrent pas plus loin que les Perses : Alexandre avait formé le dessein de conquérir l'Arabie, la seule des nations du monde qui ne lui eût pas envoyé d'ambassadeurs à Babylone; mais la mort l'arrêta, et l'on peut douter qu'il eût réussi.

Les fréquentes incursions des tribus nomades en Syrie provoquèrent plus d'une fois la colère des Romains. Lucullus, Pompée, Scaurus, Gabinius, Marcellin, qui furent tour à tour proconsuls de cette province, entreprirent des expéditions contre les habitants de l'Arabie Pétrée; mais ils n'obtinrent guère d'autre avantage que le paiement momentané d'un tribut, ou la cessation des hostilités pendant quelques mois. Sous l'empereur Auguste, Ælius-Gallus fit une tentative sur l'Yémen, pour protéger le commerce de la mer Rouge; il perdit la plus grande partie de ses troupes par les maladies, la faim et la fatigue (24 ans avant J.-C.). Ni Trajan ni Septime-Sévère, quoi qu'en disent les orateurs du temps et les médailles, n'ont soumis les Arabes, et à cette époque comme au siècle d'Horace et de Properce, l'orgueil romain devait avouer qu'ils étaient invincibles. Bien plus, au milieu du troisième siècle de l'ère chrétienne, un chef de tribu pillant les caravanes, un Arabe ayant longtemps vécu sous la tente, Philippe, devint maître de l'empire romain.

De tout temps, on a distingué les Arabes en deux classes : les Arabes sédentaires, qui s'occupent de culture et de commerce, et les Arabes Scénites, vivant sous la tente, se nourrissant de lait et de la chair de leurs troupeaux, pillant les caravanes. A ces derniers s'appliquent particulièrement le nom de Bédouins (*Bedaoui*, hommes du désert), et celui de Sarrasins (*schark*, orient; *sarrik*, voleur; *saraini*, pasteur, ou *serradjin*, palefrenier). Tous les Arabes ont conservé les mœurs patriarcales. Ils se divisent en familles commandées chacune par un *scheik*; les résolutions importantes sont prises dans l'assemblée des vieillards. La réunion de plusieurs familles forme une tribu, sous les ordres d'un *émir*, qui est juge pendant la paix, et général pendant la guerre. Si ce titre d'émir reste, par un antique usage, dans une même famille, il y est électif et donné au plus digne. Les tribus de l'Yémen ont eu des *tobbah* ou monarques, résidant à Saba. Au contraire, Iatreb et La Mecque étaient des républiques aristocratiques; la tribu des Kharégites dominait dans l'une, celle des Koréischites dans l'autre, et c'est au milieu d'elles qu'on choisissait un chef appelé *schérif*.

La vie nomade de l'Arabe a développé chez lui les qualités, mais aussi les défauts des peuples libres et barbares. De là ce mélange intime d'ardeur pour le pillage et d'hospitalité, d'esprit de rapine et de libéralité, de cruauté et de générosité chevaleresque, qui est le trait le plus saillant de son caractère.

L'Arabe est musculeux, agile, patient; condamné à une vie de rigoureuses et habituelles privations, il a reçu de la nature une incroyable sobriété. Quelques dattes ou un peu de farine d'orge, qu'il détrempe dans sa main, suffisent à sa nourriture; il fait bonne chère quand il peu avoir du pain de blé, du lait de chamelle, d l'huile, du beurre et de la graisse. Il est ardent la guerre et d'un courage indomptable. Les poète de l'Arabie aiment à retracer l'image des comba auxquels se plaisait leur valeur. « O fils de Malek s'écrie l'un d'eux*, si tu ignores les preuves qu j'ai données de mon courage, interroge les brav qui en furent les témoins; ils te diront avec quel intrépidité je demeure fixé sur le dos d'un coursi impétueux, quand, assailli de toutes parts, il e déjà couvert de blessures. Ils te diront que je m précipite avec ardeur au fort de la mêlée, et q je méprise les dépouilles de l'ennemi vainc Souvent un vaillant guerrier, couvert de fer, tr généreux pour chercher son salut dans la fuite dans une humble soumission, et qui était la terre de tous les combattants, tomba sous les coups ma main. Ma lance solide et inflexible l'atteig d'une large et profonde blessure. Au milieu silence de la nuit, le bouillonnement du sang q coulait à flots de la plaie rassembla autour

* Antar, poète du sixième siècle.

son cadavre les loups affamés. Sa bonne armure n'avait pu résister à ma lance. Gloire et noblesse ne préservent pas de ses coups. » Il dit ailleurs : « Plus d'une fois mon épée rompit les mailles d'une ample cuirasse couvrant la poitrine d'un brave. Quand il me vit mettre pied à terre et m'avancer contre lui, il ouvrit la bouche et montra ses dents, mais non pour laisser voir un sourire gracieux. Je le renversai d'un coup de lance, et je levai sur lui le tranchant de mon épée. C'était pourtant un géant terrible ; on aurait dit que ses vêtements enveloppaient le tronc d'un grand arbre ; un cuir entier formait sa chaussure. »

Telles étaient les habitudes belliqueuses des Arabes, que, s'il faut en croire les traditions, dix-sept cents batailles avaient été livrées avant la venue de Mahomet. Elles auraient pu amener la destruction totale des tribus, si une institution n'eût arrêté chaque année la fureur des partis. Les hostilités étaient suspendues, par un commun accord, pendant quatre mois, qu'on appelait les *mois sacrés*.

Le pillage n'est point un crime aux yeux de l'Arabe. Il ne reconnaît d'autre propriété que celle de sa tribu; il attaque et partage sans scrupule la propriété d'autrui. Les mots d'étranger et d'ennemi sont pour lui synonymes. Il croit se venger légitimement de l'exhérédation des enfants d'Ismaël, et réparer l'injustice du sort, quand il dépouille ses voisins, qui ont reçu les moissons abondantes et les riches pâturages. Le vol à main armée est un droit de conquête.

Cet habitant du désert, qu'anime la soif du pillage, devient sous sa tente un hôte libéral. Il aime à donner, et le surnom qu'il préfère, c'est celui de *Main d'or*. L'hospitalité est inviolable : l'étranger qui demande asile n'est jamais repoussé, on l'accueille avec bienveillance; l'Arabe peut venir sous la tente de son ennemi, il dormira en paix comme dans sa propre maison, à couvert des plus terribles ressentiments. Un chant de Lebid célèbre cette libéralité, vertu si chère aux Arabes :

« Si l'étranger vient chercher un asile auprès de moi, il se croit transporté au milieu de la fertile vallée de Tébala*. La mère de famille, réduite à la misère, établit sa demeure entre les cordes q

* Entre l'Hedjaz et l'Yémen.

soutiennent ma tente ; couverte de haillons, elle ressemble au chameau voué à la mémoire d'un mort et attaché près de son tombeau. Quand les vents de l'hiver se combattent dans la plaine, les orphelins trouvent à ma table une nourriture abondante. Lorsque nos tribus se réunissent, on voit toujours s'élever au milieu d'elles quelque illustre rejeton de notre sang, dont le courage et la force triomphent de tout obstacle, dont la justice rend à chacun ce qui lui est dû ; il peut renoncer à ses droits, mais ne souffre pas que d'autres éprouvent le moindre tort. Toujours on a trouvé parmi nous des hommes généreux, qui se plaisent à répandre les bienfaits, et qui regardent les actions nobles et généreuses comme le seul gain digne de leur ambition. »

Une anecdote montrera jusqu'où les Arabes poussaient la générosité.

On agitait à La Mecque la question de savoir lequel entre les trois scheiks, Abdallah, Kaïs et Arabah, se distinguait le plus par sa libéralité. On dépêcha vers eux, pour en faire l'épreuve, un Arabe sous l'aspect de suppliant. Il se rendit d'abord près d'Abdallah, qu'il trouva le pied dans l'étrier, prêt à monter sur son chameau pour faire un long voyage. Le scheik, après avoir entendu la requête du faux mendiant, lui fit don de son chameau avec tout ce qu'il portait, y compris 4,000 pièces d'or, ne se réservant que son cimeterre.

Le suppliant va trouver ensuite Kaïs. Un serviteur lui dit qu'il dort, mais le prie d'accepter 700 pièces d'or, les seules qu'il y ait au logis, et ordonne qu'on lui livre un chameau et un esclave. Kaïs, à son réveil, approuve son serviteur, le met en liberté, et se plaint seulement qu'on ne l'ait pas éveillé, parce qu'il aurait donné davantage.

L'Arabe gagne enfin la demeure de l'aveugle Arabah; il le rencontre sortant de chez lui pour aller faire sa prière et s'appuyant sur deux esclaves. Lorsque le scheik a appris ce dont il s'agit, il se frappe la poitrine, se lamente de n'avoir pas d'argent, et donne ses deux esclaves. Puis, les bras étendus le long des murs, il rentre à tâtons dans sa maison déserte.

On décida unanimement que le scheik Arabah était le plus généreux des trois.

Capables d'un dévoûment sans bornes, les Arabes sont en même temps vindicatifs et impitoyables dans leur vengeance. Ils se croiraient déshonorés, s'ils ne poursuivaient l'auteur d'une insulte; les familles, les tribus entières s'arment pour soutenir l'offensé. De là ces haines héréditaires, qui sont un trait caractéristique chez tous les peuples encore sauvages.

Enfin, les Arabes ont une imagination ardente, exaltée, sensible à toutes les beautés de la nature et de l'art. Leur langue est des plus riches et des plus harmonieuses; elle peut suivre les élans les plus hardis de la pensée, en même temps qu'elle imite le cri des animaux, le murmure des ondes, le souffle du vent. Infinie dans sa variété, elle a deux cents mots pour indiquer le serpent, quatre-vingts pour le miel, cinq cents pour le lion, mille pour une épée. Le goût de la poésie, de l'éloquence et du merveilleux, est fort répandu chez les Arabes: avides de récits, d'aventures, ils passent des nuits entières à écouter le narrateur; ils sont sensibles au plus léger manque de délicatesse et de pureté dans l'expression. Si quelque grand poète surgit dans une tribu, toutes les familles témoignent leur joie par des festins. Il en est aujourd'hui comme du temps de Mahomet:

« Combien de fois n'ai-je pas vû mes Arabes, accroupis le soir autour du feu de mon bivouac, tendre le cou, prêter l'oreille, diriger leurs regards de feu vers un de leurs compagnons qui leur récitait quelques passages de ces admirables poésies, tandis qu'un nuage de fumée, s'élevant de leurs pipes, formait au-dessus de leurs têtes l'atmosphère fantastique des songes, et que nos chevaux, la tête penchée sur eux, semblaient eux-mêmes attentifs à la voix monotone de leurs maîtres! Je m'asseyais non loin du cercle, et j'écoutais aussi, bien que je ne comprisse pas; mais je comprenais le son de la voix, le jeu des physionomies, les frémissements des auditeurs; je savais que c'était de la poésie, et je me figurais des récits touchants, dramatiques, merveilleux, que je me récitais à moi-même. C'est ainsi qu'en écoutant de la musique mélodieuse ou passionnée, je crois entendre les paroles, et que la poésie de la langue chantée me révèle et me parle la poésie de la langue écrite. Faut-il même tout dire? Je n'ai jamais lu de poésie comparable à cette poésie que j'entendais dans la langue inintelligible pour moi de ces Arabes. L'imagination dépassant toujours la réalité, je croyais comprendre la poésie primitive et patriarcale du désert; je voyais le chameau, le cheval, la gazelle; je voyais l'oasis dressant ses têtes de palmiers d'un vert jaune au-dessus des dunes immenses de sable rouge, le combat des guerriers, et les beautés arabes enlevées et reprises parmi la mêlée*. »

Primitivement, les Arabes gravaient leurs ouvrages sur des os de mouton ou de chameau, et leurs volumes n'étaient que des monceaux d'os attachés ensemble. Jusqu'au triomphe de Mahomet, il y eut à Okad, dans le pays de La Mecque, une foire de trente jours, pendant laquelle, tout en échangeant des marchandises, on récitait des morceaux de poésie. Les œuvres qui remportaient le prix étaient déposées dans les archives des émirs. On a conservé sept poèmes qui étaient écrits en lettres d'or sur une étoffe de soie suspendue à la porte du temple de La Mecque; on les nomme *Moallakas*, ou *Poèmes suspendus*. Ils expriment, en général, des désirs impétueux, des passions brûlantes, des élans d'amour ou de ven-

* De Lamartine, *Voyage en Orient*.

geance. Quelques extraits empruntés aux moallakas feront apprécier les idées poétiques et philosophiques des Arabes pendant le siècle qui a précédé Mahomet.

Voici comment Lebid décrit la gazelle et la chasse qu'on lui fait : « Est-ce à l'agilité de l'onagre que je comparerai la course précipitée de mon chameau, ou plutôt à l'impétuosité d'une gazelle qui cherche son faon dévoré loin d'elle, tandis qu'elle en avait confié la garde au mâle qui guide le troupeau ? Privée de l'objet de sa tendresse, elle parcourt sans repos les collines sablonneuses, appelant de sa voix stridente le petit qu'elle a perdu. Renversé dans la poussière, il a servi de pâture aux loups affamés. C'est ainsi qu'on ne peut fuir le destin.

« Exposée à la violence d'un orage furieux qui inonde les terrains les plus arides, elle n'a eu toute la nuit d'autre abri que le tronc d'un arbuste épineux, au pied d'une colline dont le sable mouvant fuyait sous ses pas. Tandis qu'elle s'agitait dans l'obscurité, la blancheur de son poil reluisait au milieu des ténèbres, comme la perle qui tremble sur la soie à laquelle elle est enfilée. A peine elle aperçoit les premiers rayons de l'aurore, et déjà elle a repris sa course. Ses pieds glissent sur la terre détrempée par les eaux. Dévorée d'inquiétude, accablée de douleur, elle a erré sept jours et sept nuits dans les marais de Soaïd. Enfin, elle a perdu tout espoir : ses mamelles, naguère gonflées de lait, sont flasques et desséchées ; hélas ! elles ne se sont pas taries en allaitant le fruit de ses amours.

« Un effroi subit vient la saisir : elle a entendu la voix des chasseurs. Elle ne peut les découvrir encore, mais leur approche lui annonce le danger. Elle fuit ; les chasseurs désespèrent de l'atteindre de leurs flèches : ils lancent contre elle leurs chiens aux oreilles pendantes, aux flancs décharnés, dociles à la voix du maître. Ils courent sur ses traces, ils l'enveloppent. Serrée de près, elle leur oppose ses cornes aiguës, semblables à la lance armée d'un fer acéré. Elle sait qu'une défense intrépide peut seule la dérober à une mort imminente. Cosab, teint de son propre sang, tombe sous les coups qu'elle lui porte ; puis elle se retourne contre Sockam, et le laisse étendu sur la poussière. »

La passage suivant du poème de Tarafa contient

toute la morale que pratiquèrent souvent les prédécesseurs de Mahomet :

« Je n'ai jamais cessé de boire et de me livrer aux délices, de vendre ce que je possédais et de dissiper, pour me procurer des jouissances, les biens que j'avais acquis et ceux que j'avais reçus de mes pères.... O toi qui me reproches ma passion pour les querelles, mes plaisirs et ma joie ! pourrais-tu m'assurer ici-bas l'immortalité? Si tu ne sais éloigner le terme de mon destin, laisse-moi aller gaîment au-devant de la mort. Certes, je ne me soucierais guère à quel instant les consolations des mes amis viendront entourer mon lit de mort, si trois choses n'adoucissaient ici la vie des humains : avaler à longs traits le jus de la vigne, qui écume lorsqu'on l'affaiblit avec de l'eau ; voler en aide à quiconque réclame mon assistance, sur un coursier dont l'agilité impétueuse égale celle du loup de la forêt; passer sous une tente les heures d'une journée pluvieuse.... L'homme qui, par une conduite généreuse, soutient la noblesse de son origine, abandonne son âme à l'ivresse des plaisirs et jouit de la vie. Si la mort nous tue demain tu sauras alors qui de nous deux sentira le regret de n'avoir pas étanché aujourd'hui sa soif ardente. Je ne vois pas de différence entre le sépulcre de l'avare, follement économe de ses richesses, et celui du libertin qui les a prodiguées. Une motte de terre les couvre l'un et l'autre, et de larges pierres forment leurs tombeaux....

« La vie est à mes yeux un trésor dont chaque nuit nous enlève une partie, un trésor que les jours diminuent sans cesse, et qui bientôt sera réduit à rien. Les délais que la mort accorde à l'homme, jusqu'à ce qu'elle le frappe du coup fatal, sont comme la longe qui retient le chameau dans un pâturage : si la mort laisse aux hommes une ombre de liberté, en laissant flotter quelques instants la corde qui les attache, elle n'en tient pas moins les bouts dans sa main. * »

On ne saurait mieux retracer la civilisation arabe au temps de Mahomet qu'en rapportant une conversation entre un chef du désert, Nouman, et le roi de Perse Chosroës II. Ce document a été traduit par un savant orientaliste, Fulgence Fresnel.

* On est affligé de voir un si grossier épicuréisme se mêler à des maximes si nobles et si généreuses.

« J'ai été à même, dit Chosroës, de comparer la condition civile et politique des Arabes avec celle des autres peuples dont je reçois des députations annuelles. J'ai trouvé chez les Grecs une belle harmonie, une puissance politique des mieux organisées, une quantité de villes grandes ou petites, de superbes édifices, une loi qui détermine ce qui est licite et illicite, réprime l'insolence, et impose un frein à la témérité. J'ai trouvé que les Indiens possédaient ces avantages et beaucoup d'autres, un pays bien arrosé, une végétation magnifique, des fruits exquis, des parfums, une grande population, une industrie merveilleuse, des mœurs douces, des préceptes de haute sagesse, des méthodes de calcul très-exactes. J'admirai chez les Chinois la force du lien social, le nombre et la perfection des arts manuels, des machines de guerre, des ouvrages en fer. Puis chez tous les peuples je trouve un gouvernement régulier ; tous obéissent à un roi. Il n'est pas jusqu'aux Turcs, jusqu'aux Khazars, qui, malgré leur pauvreté, la stérilité de leurs campagnes, le petit nombre de leurs forteresses, le manque des premiers biens de la civilisation, de bonnes maisons et de bons vêtements, n'aient un roi pour les réunir autour de lui et veiller à leur salut.

« Mais chez les Arabes je ne rencontre pas une de ces excellentes choses : ils n'ont point de force, point de stabilité. Et ce qui montre combien ils sont inférieurs aux autres nations, c'est leur genre de vie, peu différent de celui des bêtes féroces et des oiseaux de proie avec lesquels ils font société. Ajoute à cela qu'ils vivent en guerre perpétuelle de tribu à tribu, se tuant et se volant entr'eux pour avoir de quoi manger ; qu'ils sont privés de toutes les jouissances de la vie, ne connaissant ni riches vêtements, ni cuisine délicate, ni bons vins, ni amusements. Ceux d'entre eux qui se piquent de délicatesse et s'adonnent aux plaisirs de la table trouvent exquise la chair du chameau, pesante pourtant, d'une saveur désagréable, et qui produit des nausées. Si quelque Bédouin a accueilli un étranger sous sa tente et lui a offert une bagatelle, on en parle dans tout le désert comme d'un grand événement. Les poètes vantent hautement son hospitalité, et sa tribu en est gonflée d'orgueil. »

Nouman répondit : « Que Dieu accroisse la prospérité de ton empire ! Il est sur terre une natio que sa fortune éclatante élève au-dessus de tout comparaison, et tu la gouvernes; mais, en la lais sant en dehors, je ne vois pas d'autre peuple qui en comparaison des Arabes, ne se trouve vaincu.

— Vaincu? Et en quoi? s'écria Chosroës.

— En indépendance, en beauté, noblesse, gén rosité, poésie et proverbes, force et pénétratio d'esprit, mépris pour toute chose terrestre, hor reur de tout joug, probité, fidélité aux promesse Libres comme l'air, les Arabes se maintienne depuis des siècles à côté de ces grands rois q conquirent tant de provinces, et qui réduisire tant de peuples en esclavage. Leurs chevaux so leurs forteresses, la terre leur lit, le ciel leur toi leurs sabres leurs remparts, leur constance leu machines de guerre; bien différents des autr peuples, dont la force et les moyens de défens consistent en amas de pierres et de terre, e tours et en fossés.

« Il suffit ensuite de les voir pour préférer le personne à celle des Indiens cuivrés, des Chino difformes et faméliques, des Turcs dégoûtants, de Grecs rouges comme s'ils étaient écorchés. Leu généalogie et le cas qu'ils en font suffiraient pour les distinguer des autres nations. Tu ne trouverais pas hors de l'Arabie un peuple qui n'ait oublié une grande partie de ses origines; à tel point que, si tu demandais à tout autre qu'à un Arabe le nom de son bisaïeul, de son aïeul même, il ne le saurait pas. Parmi nous, au contraire, tu ne trouverais personne qui ne pût nommer ses pères, jusqu'à la vingtième génération, sans omettre un degré. Les Arabes conservent ainsi la mémoire du passé et des parentés; personne, chez les Bédouins, ne peut se réclamer d'une autre famille que de la sienne, ni se dire né d'un autre que de son père.

« La générosité est une vertu arabe, surtout dans l'hospitalité. Si le pauvre Bédouin, qui possède pour toute ressource une chamelle et son petit, reçoit à l'improviste un voyageur surpris par la nuit, auquel suffirait une goutte de lait pour humecter ses lèvres, il n'hésite pas à lui sacrifier sa chamelle, et consent à perdre tout son avoir pour acquérir la réputation d'homme généreux et hospitalier.

« Leur langue, leur littérature, leurs maximes philosophiques, et tout ce qui s'y rapporte, sont

le plus beau don que le Ciel ait fait à la terre. L
poésie arabe est harmonieuse, variée, sonore; se
rimes, perfection du langage métrique, sont c
qu'il y a de plus doux à l'oreille. Ajoute à l'espri
des poètes celui de leurs auditeurs, qui tous pos
sèdent des connaissances pratiques, savent lance
à temps un proverbe, brillent dans les description
et ont à leur disposition des mots qu'on cherche
rait vainement ailleurs.

« Personne ne conteste que leurs chevaux n
soient les premiers du monde, leurs vêtement
les plus gracieux qu'on puisse imaginer; ils o
des mines d'argent et d'or; des onyx sont les cail
loux de leurs montagnes; leur monture est le dro
madaire, la meilleure de toutes, la seule su
laquelle on puisse traverser le désert.

« En ce qui touche la religion et les lois qui e
dérivent, ils les respectent et leur prêtent un
obéissance absolue. Ils ont des mois sacrés, un
terre sainte, une maison où ils vont en pèlerinage
célèbrent les mystères et immolent des victime
Si un Arabe y rencontre le meurtrier de son pèr
ou de son frère, quelque facilité qu'il ait de le pu
nir, il ne le fera pas, parce que l'honneur et

religion défendent la vengeance sur le territoire sacré. Il suffit de dire, en ce qui concerne leur loyauté, qu'ils se tiennent liés par un coup d'œil, par un geste dont le sens soit connu; à tel point que l'obligation contractée par ce geste ne cesse qu'avec la vie. L'Arabe qui veut emprunter cueillera une branche au lieu où il se trouve, la donnera à son prêteur, et celui-ci n'exigera pas une autre garantie, sachant bien que ce feuillage a autant de valeur qu'une obligation signée devant témoins. Si un homme du désert apprend que quelqu'un, après avoir réclamé sa protection, est tombé sous les coups d'un ennemi, loin du protecteur qu'il avait invoqué, il se considère comme obligé à poursuivre le meurtrier jusqu'à extermination de la tribu de l'offenseur ou de celle du vengeur. Un assassin, un homme poursuivi par la haine ou par la justice, vient-il se réfugier près d'une famille avec laquelle il n'a aucun lien de parenté, qu'il ne connaît même pas. Il est accueilli, et, de ce moment, la vie du réfugié est plus précieuse pour cette famille que celle de ses membres.

« Tu reproches aux Arabes, ô roi! de trouver exquise la chair du chameau, que tu appelles grossière. Or, sache qu'il n'est presque pas de Bédouin qui ne repousse toute autre chair comme inférieure à celle-là. Ils méprisent, en un mot, ce que vous estimez. Le chameau est pour eux une monture et un aliment ; car il leur fournit le lait le plus délicat que l'on connaisse, et une chair abondante succulente, grasse, tendre et salubre.

« Les guerres intestines, les incursions de tribu à tribu sont la vie naturelle des Arabes, et ils la préfèrent à un gouvernement régulier, qui les obligerait d'obéir à des rois. Les autres sociétés en se soumettant à un seul, confessent leur propre faiblesse. Conférer à autrui le pouvoir suprême c'est se sentir incapable de se gouverner soi-même de se faire respecter à l'intérieur et par les étrangers. La crainte d'une invasion détermine une nation à prendre pour chef un grand, c'est-à-dire un des plus capables et des plus considérés. rend la justice, commande les armées, et élève les nobles bien au-dessus des autres, ou bien il est le seul du royaume chez lequel il y ait noblesse et dignité. Dans la société arabe, les vertus royales sont très-communes : générosité, droiture, magnanimité, courage, sont tellement vulgaires parm ses membres, que tous s'appellent rois. Personne ne consent à payer tribut à qui que ce soit, et l'on a en horreur la pensée d'une soumission qui ressemble à l'esclavage. »

III.

Religions pratiquées en Arabie avant Mahomet : sabéisme, judaïsme, christianisme, idolâtrie. — Temple de la Caaba. — But que s'est proposé Mahomet.

Ce qui manquait principalement à l'Arabie, c'était l'unité politique : on y comptait une multitude de tribus, mais sans chef unique. De même, il y avait plusieurs religions.

Le sabéisme ou culte des astres et le magisme ou culte du feu dominaient du côté du golfe Persique : c'était un emprunt fait à Zoroastre et aux anciens Perses. Les Himyarites de l'Arabie Heureuse adoraient aussi le soleil et les constellations. Les partisans du sabéisme dirigeaient, en priant, leurs regards vers le pôle, centre merveilleux autour duquel les étoiles leur paraissaient groupées. Ils avaient élevé aux sept planètes autant de temples célèbres, et représentaient sur des talismans les signes du zodiaque. Ils croyaient à un seul Dieu, créateur maître de l'univers, et le nommaient *Allah-Taal* les divinités subalternes, présidant aux astre étaient appelées *Al-Ilahat*. On croyait que les âm des méchants subiraient des supplices penda neuf mille siècles.

Les doctrines du judaïsme pénétrèrent aus chez les Arabes. De bonne heure, les Juifs, p intérêt de commerce, fréquentèrent les bords la mer Rouge. Un grand nombre d'entre eu vinrent s'établir définitivement en Arabie, so après la prise de Jérusalem par Nabuchodonoso soit lors de la ruine de leur patrie, au temps Titus. Quand l'empereur Adrien dispersa les cr dules enfants d'Abraham réunis à la voix d'un in posteur, une partie des fugitifs trouva encore u asile dans le désert. A l'époque de Mahomet, région de Khaïbar était toute peuplée de Juifs.

C'est une croyance générale de l'Eglise d'Orie que l'apôtre saint Thomas a prêché l'Evangile dan l'Arabie Heureuse, avant de se rendre aux Indes, o il fut martyrisé. Saint Paul résida sur les confin du désert de Syrie, et il est probable que les ma chands arabes qui se rendaient aux foires de Bosr ou de Damas eurent occasion de l'entendre. Eusèbe nous apprend qu'au commencement du troisième siècle, sur l'invitation d'un chef arabe, Origène partit d'Alexandrie pour se rendre dans la péninsule, et convertit une tribu du désert. Sous Constantin, Théophile porta l'hérésie d'Arius chez les Himyarites. Le christianisme fut encore enseigné aux Sarrasins du Nord, sous le règne de l'empereur Valens, par les anachorètes de la Palestine et de la Syrie. Mais ce fut surtout après le démembrement de l'empire romain que l'Arabie reçut des populatious chrétiennes : là se réfugièrent, en effet, les sectes chassées de l'empire d'Orient, telles que les Gnostiques, les Manichéens, les Monothélites, les Eutychéens, les Nestoriens et les Jacobites.

Le culte le plus répandu était l'idolâtrie, et les Arabes allèrent jusqu'aux dernières limites du fétichisme. Il y eut des divinités particulières à chaque tribu et à chaque famille. Le centre de ce polythéisme ridicule était la Caaba ou maison carrée de La Mecque, qui contenait trois cent soixante idoles représentant des hommes, des gazelles, des aigles, des lions.

Selon la tradition arabe, deux mille ans avant la création, la Caaba avait été construite dans le ciel, et y était adorée par les anges, auxquels Dieu commandait de s'acquitter des mêmes prescriptions qui depuis ont été ordonnées aux vrais croyants sur la terre. Le jour où Dieu fit sortir du néant le premier homme, la Caaba fut transportée en Arabie et érigée par Adam sur son emplacement actuel, précisément au-dessous de la place qu'elle occupait dans les cieux. Après le déluge Abraham reçut du Seigneur la mission de quitter la Syrie pour réédifier le temple saint; son fils Ismaël, qui demeurait déjà avec sa mère Agar près de La Mecque, l'aida dans ses travaux. On conserve encore aujourd'hui dans la Caaba deux pierres vénérées : l'une, apportée par l'ange Gabriel, se nomme le *marchepied* d'Abraham, parce que ce patriarche s'y tenait debout en bâtissant et que la trace de ses pieds y est imprimée; l'autre est la fameuse *Pierre noire*, noyau primitif de la terre, qui a perdu sa blancheur par les péchés des hommes, et qui doit la reprendre au jugement dernier. Tout le temple est recouvert d'un immense voile noir. C'est par imitation de ce voile que plutard les khalifes prirent l'usage de faire couvrir d'une pareille étoffe la principale entrée de leur palais. Non loin de la Caaba, se trouve le puits de Zemzem, cette source miraculeuse qu'un ange fit jaillir au moment où Agar, errant dans le désert, voilait sa tête pour ne pas voir son fils expirer dans les tourments de la soif. L'eau de ce puits procure une entière rémission des péchés.

C'est à cause de l'origine divine qu'ils lui attribuaient, que les Arabes, même après Mahomet, ont fait de la Caaba un but de pèlerinage. Au dernier mois de chaque année, les pèlerins arrivent. Chacun se dépouille de ses vêtements, fait sept fois en courant le tour du temple, baise sept fois la Pierre noire, visite et adore sept fois les montagnes voisines, jette sept fois des pierres dans la vallée Mina, et sacrifie des brebis et des chameaux, dont il enterre les ongles et la laine dans le terrain sacré.

Au nombre des superstitions de l'ancienne Arabie, il faut compter les sacrifices humains. Mais, à la naissance du mahométisme, le progrès des siècles avait adouci cette barbare coutume, qui ne tarda pas à disparaître.

La diversité des religions détruisait tout sentiment de nationalité et entretenait des guerres perpétuelles. La plus fameuse de ces guerres eut lieu peu de temps avant la naissance de Mahomet. Les rois de l'Yémen, ayant embrassé le judaïsme, opprimèrent les chrétiens : ceux-ci implorèrent le secours des Abyssins, qui leur firent passer une armée sous les ordres d'Aryat. L'Yémen fut conquis sur la dynastie des Himyarites, en 529, et subit la domination étrangère. Les Koréischites, qui avaient la garde de la Caaba, s'alarmèrent du voisinage des chrétiens d'Abyssinie, et vinrent mettre le feu à leur temple. Abraha, successeur d'Aryat, assiégea La Mecque par représailles, en 569. Abd-el-Motalleb, défenseur de la place, voulut entrer en accommodement, et demanda aux Abyssins la restitution des troupeaux qu'ils lui avaient enlevés. « Pourquoi, dit Abraha surpris, n'implores-tu pas plutôt ma clémence en faveur du temple, objet de votre culte et source de vos richesses ? — C'est, répondit le Koréischite, parce que les troupeaux sont à moi, et que la Caaba est à Dieu, qui saura bien la défendre. »

Dieu la défendit en effet, ajoute la tradition

arabe. L'éléphant blanc que montait Abraha se mit à genoux ; il semblait adorer le lieu que son maître venait détruire. Le ciel se couvrit comme d'un nuage, des oiseaux d'une forme étrange accoururent des quatre points de l'horizon, et laissèrent tomber sur les Abyssins des pierres qui perçaient leur coiffure, leur traversaient le corps, et s'enfonçaient profondément dans la terre. Tous ceux qui échappèrent à cette punition du Ciel périrent dans le désert.

La *guerre de l'éléphant*, car tel est le nom qu'elle a reçu, est l'une des époques célèbres dans l'histoire arabe : elle fut marquée par la naissance de Mahomet. L'enfance de ce faux prophète fut bercée au milieu de mille récits de ce genre. Il put voir tous ces cultes ennemis les uns des autres, toutes ces rivalités sans cesse renaissantes des tribus. Malgré la grossièreté des moyens qu'il employa, Mahomet poursuivit un grand but. Il voulut faire cesser les hostilités, triompher des superstitions, inspirer à tous les Arabes une même foi ; son énergie sut réunir sous une loi commune tant de tribus séparées par la méfiance et la haine, et leur imposer tout à la fois l'unité religieuse et l'unité politique. Il eut le génie et l'adresse de diriger leur impétueuse valeur dans un dessein d'agrandissement national, et de donner pour aliment à leur inquiète activité la conquête même du monde.

CHAPITRE II.

VIE DE MAHOMET.

I.

569. Naissance de Mahomet. — Illustration de sa famille. — Ses premières années. — 594. Il épouse Khadidja. — 609. Commencement de sa mission. — Ses premiers disciples. — Conversion d'Omar. — Les Koréischites persécutent Mahomet et ses sectateurs. — 620. Mort d'Abou-Taleb et de Khadidja. — Premiers rapports de Mahomet avec les habitants de Médine. — 622. Hégire.

MAHOMET naquit à La Mecque, en 569. Il appartenait à la tribu des Koréischites, qui prétendait descendre de Koreisch, le plus illustre des douze fils d'Ismaël. Son père était Abdallah, fils de cet Abd-el-Motalleb qui avait défendu La Mecque contre les Abyssins, et sa mère Amina, de la famille des Zahrites. On rapporte que l'hymen d'Abdallah et d'Amina avait fait mourir de jalousie deux cents jeunes filles. Parmi les ancêtres de Mahomet, figure Haschem (*coupeur de pain*), qui, durant une disette, employa ses richesses, gagnées dans le commerce, à nourrir tous les habitants de la ville.

Quoique sorti d'une race illustre, Mahomet fut peu favorisé de la fortune, et commença sa vie par de rudes épreuves. Il perdit son père à deux mois, sa mère à six ans, sans avoir d'autre héritage que cinq chameaux et une esclave noire. Son oncle Abou-Taleb, schérif de La Mecque après Abd-el-Motalleb, s'étant chargé de lui, l'emmena de bonne heure dans ses voyages de commerce en Syrie. Là, dans un monastère de Bosra, un moine nestorien, nommé Bahira ou Sergius, étonné de son esprit précoce, lui prédit un glorieux avenir. Dès l'âge de quatorze ans, Mahomet accompagna son oncle dans les guerres que les Koréischites faisaient à d'autres tribus, et y révéla des talents militaires qui devaient servir puissamment à l'établissement de sa doctrine. On le voit ensuite au service d'une riche veuve, Khadidja, en qualité de chamelier, puis comme intendant; il visita alors la Palestine, la Phénicie, la Syrie, les confins de l'Égypte et de la Perse. Khadidja, charmée de ses talents et de sa beauté, le prit pour époux, quoiqu'il n'eût que vingt-cinq ans et elle quarante.

Ce mariage plaça Mahomet parmi les plus riches habitants de La Mecque. Pendant quinze années, l'histoire se tait presque complètement sur son compte.

Les Koréischites étaient alors occupés à reconstruire le temple de la Caaba, qu'une femme avait incendié en brûlant des parfums. Quand les murailles furent élevées à la hauteur où devait être mise la Pierre noire, une dispute violente s'éleva entre toutes les tribus, qui prétendaient à l'honneur de placer la sainte relique. La question allait être décidée par les armes, lorsque les vieillards proposèrent de s'en rapporter à la première personne qui se présenterait devant l'enceinte sacrée. Le hasard ou la ruse y conduisit Mahomet. Il fit mettre la pierre sur un tapis dont un membre de chaque tribu tenait les bords, puis la souleva lui-même et la scella dans le mur. Par ce premier acte, il semblait consacrer le sacerdoce auquel il allait bientôt prétendre.

Depuis son union avec Khadidja, Mahomet se livrait aux méditations religieuses. Chaque année, pendant un mois, il se retirait dans une caverne du mont Harra, à une lieue de La Mecque : sa tête s'exalta au milieu de la solitude, et il se crut appelé à briser les idoles de sa nation. Il était âgé de quarante ans, à l'époque où commença sa mission prophétique.

Une nuit, qu'il était en prières dans sa caverne, une lumière très-vive l'éblouit. Il aperçut un ange, plus blanc que la neige la plus pure, plus brillant que l'éclat du soleil ; sa tête et ses pieds paraissaient toucher le ciel et la terre. Mahomet, ayant fermé les yeux, se sentit saisi par la chevelure, et fut dressé sur ses pieds. Une voix lui cria : « Prends et lis, au nom de Dieu qui a créé l'homme du sang coagulé, qui a enseigné aux hommes l'Écriture, qui leur a appris ce qu'ils ne connaissaient pas. » Il fut au milieu de la montagne, et il entendit encore la voix : « O Mohammed! tu es l'apôtre de Dieu, et moi je suis Gabriel. »

Il revint trouver Khadidja, la figure toute troublée, les yeux animés d'un feu extraordinaire, e lui raconta ce qui s'était passé dans cette *nuit du décret divin.* « Je suis ravie, dit-elle, d'apprendre une si agréable nouvelle. Je le jure par celui qui tient en sa main l'âme de Khadidja, vous serez certainement le prophète de cette nation. » Et elle se rendit chez Waraka, son cousin, qui passait pour l'un des hommes les plus instruits de La Mecque, et avait beaucoup étudié auprès des docteurs juifs ou chrétiens. « Par le Dieu très-saint! s'écria l'Arabe, si ce que vous dites est vrai, votre époux vient de voir apparaître l'ange du Seigneur, qui autrefois visita Moïse; plus de doute qu'il ne soit destiné à être notre prophète et notre législateur. »

Pendant trois ans, la prédication de Mahomet ne s'étendit pas au-delà de ses parents les plus proches et de ses amis intimes. On voyait autour de lui, outre Khadidja :

Ali, son cousin-germain, le fils d'Abou-Taleb, dont il a dit : « Ali est né pour soutenir la vérité de Dieu, comme je suis né pour la publier; »

Séïd ou Zaïd, son esclave, à qui il rendit la liberté, et dont le nom a servi dans la suite à caractériser le fanatisme le plus aveugle ;

Abou-Bekr, l'un des dix magistrats de L Mecque, homme riche et puissant, jouissant d beaucoup de crédit parmi les Arabes ;

Othman, qui devint plus tard le chef de croyants, etc.

Enfin, une nouvelle apparition de l'ange Gabrie détermina Mahomet à annoncer hautement s doctrine. « Il ordonna à Ali de faire cuire un demi-mesure de froment, de faire rôtir la cuiss d'un agneau, puis de remplir un vase de lait, e d'inviter au repas préparé tous les descendant d'Abd-el-Motalleb. Ils vinrent au nombre d'enviro quarante. Le prophète prit la parole et dit à se convives : « Je ne connais pas un seul homm « parmi les Arabes, qui puisse vous apporte « plus de bien que je ne vous en apporte dan « cette vie et dans l'autre. Dieu très-haut m' « ordonné de vous appeler à lui. Quel est don « celui d'entre vous qui veut m'aider dans cett « œuvre sainte ? Que celui-là soit mon frère, mo « délégué et mon mandataire auprès de vous. Tous se taisaient, lorsque Ali, qui était le plu jeune d'entre tous, et offrait, dans son aspec maladif, des yeux chassieux, un ventre gonflé des jambes grêles, s'écria : « A moi, prophète de « Dieu, appartient l'honneur d'être ton soutien « et ton vizir (lieutenant). » A ces mots, Mahomet, le pressant sur son cœur, l'appelle son frère et son successeur. Écoutez-le, disait-il, et obéissez-lui. — Cependant chacun dans l'assemblée riait aux éclats, et répétait à Abou-Taleb : « Te voilà maintenant obligé d'obéir à ton propre fils *. »

Les railleries, les outrages, les menaces ne découragèrent pas Mahomet. Non content de s'adresser aux habitants de La Mecque, il abordait les pèlerins qui venaient visiter la Caaba. D'éclatantes conversions venaient de jour en jour donner plus de force à ses doctrines. La plus brillante fut celle du farouche Omar, qui avait promis aux Koréischites de leur apporter la tête du novateur. Omar s'était mis en marche dans ce dessein; mais sur sa route, étant entré chez une de ses sœurs, il y entendit lire quelques chapitres composés par Mahomet. L'admiration le désarma, et il mit sa valeur féroce au service du prophète.

La Mecque, qu'enrichissaient les pèlerins de la

---

* Aboulféda, *Vie de Mahomet*, trad. par Noël Desvergers.

Caaba, avait intérêt à repousser Mahomet. Comm
son oncle Abou-Taleb le protégeait contre se
ennemis, quelques-uns des plus considérable
d'entre les Koréischites vinrent un jour le trouve
et lui dirent : « Le fils de ton frère a déversé l
« blâme sur notre religion; il a accusé nos sage
« de folie et nos ancêtres d'erreur. Empêche-l
« donc de nous attaquer, ou reste neutre entr
« nous et lui. » Abou-Taleb opposa à leur dési
un refus adouci par des paroles honnêtes. Le pro
phète ayant cependant continué l'œuvre de s
mission, ils revinrent une seconde fois vers Abo
Taleb, et répétèrent ce qu'ils avaient dit pour
première fois, puis ils ajoutèrent : « Si tu ne l
« interdis pas ses attaques, nous vous com
« battrons tous deux jusqu'à ce que périsse u
« des deux partis. » Cette menace parut grave
Abou-Taleb, et il en fit part au prophète, q
s'écria : « O mon oncle ! quand même ils mettraie
« le soleil dans ma main droite, la lune dans m
« gauche, je n'abandonnerais pas mon œuvre.
Le prophète sentit alors ses yeux gonflés
larmes, et il pleura; puis il se leva, et comme
s'éloignait : « O fils de mon frère ! lui dit Abo

« Taleb en le rappelant, reviens, et tiens les dis-
« cours que tu voudras ; par Dieu puissant, rien
« ne me décidera jamais à te livrer*. »

Mahomet engagea cependant ses sectateurs, au nombre de quatre-vingt-trois hommes et dix-huit femmes, sans compter les enfants, à se réfugier en Abyssinie. Vainement les Koréischites députèrent quelques-uns d'entre eux vers le roi de ce pays, pour qu'on leur livrât les fugitifs ; ils essuyèrent un refus. Dans leur dépit, ils publièrent un décret qui interdisait à la tribu entière toute alliance, tout commerce avec la famille du prophète. Les fables arabes racontent que la main de celui qui suspendit ce décret aux murs de la Caaba fut sur-le-champ desséchée, et que l'acte fut rongé par les vers, hormis la place où était écrit le nom de Dieu.

Il y avait déjà dix ans que Mahomet luttait contre les Koréischites, lorsque deux pertes cruelles le frappèrent : ce fut l'*année du deuil.* Abou-Taleb, qui l'avait recueilli dans sa maison et protégé de son influence, lui fut enlevé. Lorsque

---

* Aboulféda.

sa maladie eut pris un caractère grave, le prophète lui dit : « Récite le témoignage de la foi « musulmane, ô mon oncle! afin qu'au jour du « jugement il me soit permis d'intercéder en ta « faveur. — O fils de mon frère! répondit Abou-« Taleb, si ce n'était la crainte des injures et « l'idée qu'auraient les Koréischites que je n'ai « cédé qu'à la crainte de la mort, certes, je pro-« noncerais la formule du témoignage*. » Il paraît néanmoins qu'avant d'expirer il remua les lèvres pour articuler les paroles prescrites.

Khadidja mourut peu de mois après. Mahomet la regretta vivement. « Non, s'écriait-il, il n'y eut jamais de femme plus généreuse, de meilleure femme. Elle avait confiance en moi quand j'étais traité avec dérision et mépris; elle soulageait mes besoins quand j'étais pauvre et persécuté; elle était tout à ma cause. »

Pour tromper sa douleur, il se retira quelque temps à Taïef, où il fut froidement accueilli. Ici on lui disait avec dédain : « Dieu n'a-t-il donc point trouvé d'autre envoyé que toi? » Là, on ajoutait :

---

* Aboulféda.

« Certes, je ne veux jamais discourir avec toi; car, si tu es l'envoyé de Dieu, tu es un trop grand personnage pour que je réplique à tes discours; si tu mens contre Dieu, il ne me convient pas de t'adresser la parole. »

C'est au moment où rien ne semblait encore faire prévoir son triomphe que sa doctrine remporta un succès éclatant. La ville d'Iatreb était jalouse de La Mecque, et cherchait une occasion d'humilier cette tribu des Koréischites, qui s'était emparée de la garde de la Caaba; les Juifs, qui y vivaient en grand nombre, pouvaient d'ailleurs trouver, dans la religion nouvelle, certaines analogies avec la loi de Moïse. Douze des principaux citoyens se rendirent auprès de Mahomet, et, après s'être fait instruire dans les croyances qu'il était venu apporter aux Arabes, lui jurèrent fidélité : ils s'engagèrent à ne reconnaître qu'un seul Dieu, à s'abstenir de l'adultère, du vol et de l'homicide. De retour à Iatreb, ils firent de nombreux prosélytes. On les nomma *Ansariens*, c'est-à-dire auxiliaires.

Alarmés des dispositions des habitants d'Iatreb, les Koréischites, qui avaient alors pour chef Abou-Sofian, songèrent à tuer Mahomet, et, pour que la haine et la vengeance des siens n'eussent pas à tomber sur une seule tribu, ils choisirent, pour le meurtre, un homme de chacune. La maison du prophète fut entourée par les assassins. Ce fut alors que, se dévouant pour son maître, Ali, enveloppé du manteau vert qu'il avait coutume de porter, prit place sur sa couche, et attendit la mort. Mahomet put s'échapper à la faveur des ténèbres; les conjurés laissèrent Ali sans lui faire aucun mal, et coururent sur les traces du fugitif.

L'ère des mahométans date de la fuite de Mahomet (16 juillet 620); ils la nomment *hégire.*

Le prophète s'était dirigé vers le désert avec Abou-Bekr, et avait cherché un refuge dans une caverne creusée sur les flancs de la montagne de Thour. « Nous ne sommes que deux, » disait son compagnon, qui craignait que l'ennemi ne découvrît cette retraite. « Il y en a un autre, répondit Mahomet; car Dieu est avec nous. » Les écrivains arabes racontent que les Koréischites arrivèrent à l'entrée de la caverne : une araignée venait de filer sa toile en travers, une colombe d'y déposer ses œufs; ils en conclurent qu'aucun homme n'y avait pénétré, et s'éloignèrent.

Après avoir échappé à tous les périls, Mahomet réussit à gagner Iatreb. Les habitants sortirent à sa rencontre ; il fit son entrée sur une chamelle, la tête couverte d'un parasol en feuilles de palmier, son turban déroulé en guise d'étendard. On mit une maison et une mosquée à sa disposition, et Ali vint le rejoindre avec les autres fidèles. Depuis ce moment, Iatreb changea son nom en celui de Médine (*Medinat-al-Nabi*, ville du prophète). Le peuple de cette ville voulut savoir si, rappelé par ses concitoyens, le prophète abandonnerait ses nouveaux alliés. « Tout est maintenant commun entre nous, répondit-il ; votre sang est mon sang, votre ruine serait la mienne. Nous sommes liés réciproquement par l'honneur et l'intérêt. Je suis votre ami, et l'ennemi de vos ennemis. — Mais, disaient ses disciples, si nous mourons pour la foi que tu nous enseignes, quelle sera notre récompense ? — Le paradis ! » s'écriait Mahomet.

II.

Lutte entre Médine et La Mecque. — 624. Combat de Bedr. — 625. Bataille d'Ohod. — 626. Expulsion des Juifs de Nodhaïr. — 627. Guerre du Fossé ou des Nations. — Extermination des Khoraïdites. — 628. Traité de Mahomet avec les Koréischites. — 629. Conquête de Khaïbar.

Jusqu'ici Mahomet n'a point propagé sa religion par des moyens coupables. Il a répété souvent qu'il avait mission d'annoncer la vérité, de donner des avis, mais non de contraindre les consciences, et il a donné l'exemple à ses sectateurs de souffrir patiemment les injures. Cette modération venait uniquement de sa faiblesse. Appuyé désormais par Médine et une partie de l'Hedjaz, il entreprendra de soumettre par la force ceux qui n'ont pas cédé à la persuasion : le glaive une fois tiré, ni lui ni ses successeurs ne le remettront dans le fourreau.

Etabli dans une cité dont la position était favorable pour interrompre le commerce des Koréischites avec la Syrie, Mahomet se mit à inquiéter les caravanes. Ayant appris que Abou-Sofian se dirigeait vers La Mecque avec mille chameaux chargés d'orge, de blé et de raisins secs, et qu'une trentaine d'hommes seulement escortaient cette caravane, il partit avec trois cent treize combattants, soixante-dix chameaux et trois chevaux, pour s'emparer de ces richesses. Abou-Sofian, informé de son approche, députa un messager vers sa tribu. Celui-ci avait coupé en signe détresse les oreilles de son chameau, avait mis la selle à rebours, et, déchirant ses vêtements, s'écriait : « Koréischites, à la caravane ! à la caravane ! Mahomet veut enlever vos riches marchandises. A peine pourrez-vous arriver à temps pour les défendre. Au secours ! vite, au secours ! » Neuf cent cinquante hommes coururent aux armes, parmi lesquels on comptait à peu près cent cavaliers.

La rencontre eut lieu dans la vallée de Bedr, en 624. Mahomet, après avoir rangé sa troupe en bataille, se mit à l'abri des traits sous une cabane de feuillage. Comme les siens pliaient au premier choc, il s'écria : « O mon Dieu ! si mes amis périssent, par qui seras-tu adoré sur la terre ? » Puis, sortant de la cabane : « Courage ! dit-il à ses compagnons ; serrez vos rangs, lancez vos flèches, et la journée est à vous. » Il monte à cheval, lance une poignée de sable à la face des ennemis, et ajoute :

« Que leur visage se couvre de confusion ! » La mêlée fut horrible. Les soldats du prophète semblaient insensibles aux blessures et à la douleur : l'un d'eux, dont le bras gauche, frappé d'un coup de sabre, ne tenait que par un lambeau de chair, mit le pied sur ce membre inutile, l'arracha et continua de combattre. Les Koréischites, après une résistance glorieuse, laissèrent sur le champ de bataille soixante-dix des leurs, et un pareil nombre entre les mains du vainqueur. Mahomet fit jeter les cadavres de ses ennemis dans les puits de Bedr, et décapiter deux de ses prisonniers qui avaient traité ses révélations de contes de vieille.

Les Koréischites méditèrent leur revanche ; un poète voulut faire sentir aux vaincus toute l'étendue de leurs pertes, pour les porter à la vengeance, et composa cette élégie :

« Je pleurai sur ces nobles guerriers, fils de guerriers nobles aussi et dignes de toutes louanges.

« Ainsi que dans le feuillage se plaignent les colombes sur les rameaux inclinés, ainsi gémissent avec des sanglots les femmes qui pleurent aux funérailles.

« Que de chefs et de princes ensevelis à Bedr!

« Vieillards et jeunes gens sont là nus et sans vie.

« Comme elle a changé, la vallée de La Mecque!

« Les plaines désolées, les déserts inhospitaliers semblent participer à ma douleur. »

Abou-Sofian parvint à réunir trois mille hommes de diverses tribus : sept cents étaient recouverts de cuirasses, et la cavalerie se composait de deux cents chevaux. Des femmes, armées de tambours, précédaient la marche, en faisant entendre des sons lugubres, et en pleurant sur les victimes de Bedr. Bien que Mahomet n'eût rassemblé que sept cents hommes, dont deux cents armés de cuirasses, et qu'il n'eût point de cavalerie, il arrêta ses ennemis, en 625, près d'Ohod, à deux lieues de Médine. Ali et Omar rompirent le centre des Koréischites; déjà Abou-Sofian avait pris la fuite, lorsqu'un Arabe, ayant tué le porte-étendard du prophète, crut avoir frappé le prophète lui-même, et cria : « J'ai tué Mahomet! » En même temps, Khaled, qui devait être plus tard un des ardents apôtres de la religion nouvelle, rallia les fuyards et les ramena au combat. Mahomet fut renversé d'un coup de pierre qui lui fendit la lèvre et lui brisa deux dents *; ses compagnons parvinrent à le tirer de la mêlée; mais la bataille fut perdue. Les Koréischites, au lieu de poursuivre leur succès, se livrèrent à d'horribles cruautés sur le champ de bataille : leurs femmes coupèrent le nez et les oreilles des cadavres, pour s'en faire des ceintures, des colliers et des bracelets; Henda, femme d'Abou-Sofian, éventra un oncle du prophète et lui déchira le foie avec ses dents. Tous s'en retournèrent à La Mecque, sans chercher à étouffer le culte naissant.

La défaite de Mahomet ébranla la foi dans son apostolat. Il crut devoir inventer une révélation du Ciel, qui pût raffermir ses disciples. L'ange Gabriel lui apporta ce chapitre :

« Une partie d'entre vous désiraient les biens de ce monde, les autres désiraient la vie future. Dieu vous a fait prendre la fuite devant vos ennemis

---

* On conserve encore à Constantinople ces dents du prophète; l'une est gardée au sérail, l'autre dans la chapelle sépulcrale de Mahomet II.

pour vous éprouver ; mais il vous a pardonné ensuite, parce qu'il est plein de bonté pour les fidèles.

« Tandis que vous preniez la fuite en désordre et que vous n'écoutiez plus aucune voix, le prophète vous rappelait au combat. Dieu vous a fait éprouver affliction sur affliction, afin que vous ne ressentiez plus de chagrin à cause du butin qui vous échappa et du malheur qui vous atteignit. Dieu est instruit de toutes vos actions.

« Après ce revers, Dieu fit descendre la sécurité et le sommeil sur une partie d'entre vous. Les passions ont suggéré aux autres de vaines pensées à l'égard de Dieu, des pensées d'ignorance. Que gagnons-nous à toute cette affaire? disent-ils. Réponds-leur : Toute affaire dépend de Dieu. Ils cachaient au fond de leurs âmes ce qu'ils ne te manifestaient pas. Ils disaient : Si nous avions dû obtenir quelque avantage de toute cette affaire, certes nous n'aurions pas été défaits ici. Dis-leur : Quand vous seriez restés dans vos maisons, ceux dont le trépas était écrit là-haut seraient venus succomber à ce même endroit, afin que le Seigneur éprouvât ce que vous cachiez dans vos seins et débrouillât ce qui était au fond de vos cœu Dieu connaît ce que les cœurs recèlent.

« Ceux qui se retirèrent le jour de la rencon des deux armées furent séduits par Satan, en p nition de quelque faute qu'ils avaient commi Dieu leur a pardonné, parce qu'il est indulgent clément.

« Si vous mourez ou si vous êtes tués en co battant dans le sentier de Dieu, l'indulgence et miséricorde de Dieu vous attendent. Ceci v mieux que les richesses que vous ramassez.

« Lorsqu'un revers vous a atteints pour la p mière fois, vous avez dit : D'où nous vient ce disgrâce? Réponds-leur : De vous-mêmes.

« Le revers que vous avez éprouvé le jour les deux armées se sont rencontrées eut lieu pa volonté de Dieu, afin qu'il distinguât les fidèles hypocrites. Quand on leur cria : Avancez, com tez dans le sentier de Dieu, repoussez l'enne ils répondirent : Si nous savions combattre, n vous suivrions. Ce jour-là ils étaient plus prè l'infidélité que de la foi.

« Ne croyez pas que ceux qui ont succo en combattant dans le sentier de Dieu so morts; ils vivent près de Dieu et reçoivent de lui leur nourriture.

« Ceux qui, dans les revers, obéissent à Dieu et au prophète, qui font le bien et craignent le Seigneur, ceux-là recevront une récompense magnifique*. »

On trouve déjà dans ce morceau les germes du fatalisme que nous verrons empreint dans toute la doctrine du prophète.

Pendant l'année 626, la religion nouvelle fit des progrès assez lents du côté du Nedjed. Mahomet avait d'abord espéré se concilier les Juifs, et leur persuader qu'il était le Messie attendu par eux. Trompé dans son attente, il leur voua une haine mortelle. On a remarqué avec raison qu'il établit toujours une différence entre les Juifs et les chrétiens. « Tu reconnaîtras, dit-il quelque part, que ceux qui nourrissent la haine la plus violente contre les fidèles sont les Juifs et les idolâtres, et que ceux qui sont les plus disposés à les aimer sont les hommes qui se disent chrétiens. »

Une tentative formée contre sa vie lui servit de

* Le Koran, trad. par Kasimirski.

prétexte pour attaquer les Juifs de Nodhaïr. s'était rendu chez eux avec une faible troupe ,af d'y traiter de quelque affaire ; ayant appris qu'e devait l'accabler sous une pluie de pierres penda un festin, il revint précipitamment à Médine. S disciples, aussitôt convoqués, firent le siége Nodhaïr; les habitants, après quinze jours résistance, obtinrent la permission de s'éloign avec tout ce que leurs chameaux pourraient porte

L'expulsion des Juifs favorisa les projets d Koréischites. Ils réussirent à former une vas coalition contre Mahomet, et, au printemps l'année 627, on les vit paraître avec dix mil hommes devant Médine. Comme cette armée composait d'hommes de toute race, la guerre f appelée par les Orientaux *guerre des nations*. Bi que le prophète eût entouré la ville d'un profo retranchement, d'où vient encore le nom de *guer du fossé*, ses compagnons étaient effrayés de multitude des ennemis. « Mahomet, disaient-il nous promettait les trésors de Chosroës et de Césa et voilà qu'aujourd'hui pas un de nous n'est sûr la vie, si quelque besoin l'appelle hors de sa m son. » Pendant trois semaines, les deux par s'observèrent : après quelques combats singuliers, la discorde se mit dans les rangs des Koréischites, le vent du désert culbuta leurs tentes, et le siége de Médine fut levé.

Le prophète reprit ses desseins contre les Juifs. Il prétendit que l'ange Gabriel lui avait enjoint d'exterminer la tribu des Khoraïdites. Vainement ceux-ci lui disaient : « Nous ne savons pas manier les armes ; mais nous avons conservé la croyance de nos pères. Pourquoi veux-tu nous réduire à la nécessité d'une juste défense ? » Leur château fut attaqué et pris : sept cents Juifs, conduits à Médine, furent enterrés vifs au milieu de la place ; les femmes, les enfants, les biens de ces malheureux furent ensuite partagés entre les vainqueurs. On soumit aussi la tribu de Mostalak.

Cependant Mahomet ne pouvait compter sur un complet triomphe que quand il serait maître de La Mecque. Ne se sentant pas encore assez puissant pour s'en emparer de vive force, il partit avec quatorze cents fidèles, dans l'espoir d'être admis du moins au pèlerinage de la Caaba. Les Koréischites ne voulurent pas d'abord y consentir; mais, informés que quatre-vingts des leurs, envoyés en reconnaissance et pris par le prophète avaient été renvoyés sans rançon, ils en vinrent un arrangement. Une trève de dix ans fut conclue il était permis à Mahomet et à ses sectateurs d venir dans une année visiter les lieux saints ; ma on leur défendait d'entrer armés à La Mecque, d'y séjourner plus de trois jours. Malgré les mur mures de ses compagnons, le prophète sign cette paix, satisfait d'avoir traité de puissance puissance avec les hommes qui l'avaient chassé leur ville.

Pour calmer les mécontents, il résolut de l mener à l'attaque de Khaïbar, entrepôt du com merce des Juifs dans la péninsule. Pour affamer l assiégeants, on avait coupé quatre cents palmie autour de la place. Deux assauts, dirigés succe sivement par Abou-Bekr et par Omar, furent r poussés avec vigueur. Ali en donna un troisièm Il rencontra sur la brèche le gigantesque Marha et, entre les deux armées, se passa une scène la façon des héros d'Homère. « Tout Khaïbar, le Juif, sait que je suis Marhab, aux armes bi trempées : qui osera braver la force de mon bra — Ce sera moi, répond Ali, moi que ma mère surnommé le Lion, et qui vais te mesurer de mon sabre à la grande mesure. » Ils se frappent à la fois : l'épée de Marhab brise le bouclier d'Ali ; le sabre d'Ali fend le casque et la tête de Marhab. Les historiens orientaux ajoutent qu'Ali, comme un autre Samson, arracha de ses gonds une des portes de la ville, si pesante, que huit hommes pouvaient à peine la lever de terre, et qu'il s'en couvrit, ainsi que d'un bouclier, contre les coups qu'on lui portait. Les habitants de Khaïbar furent passés au fil de l'épée. Une jeune fille, Zaïnab, sœur de Marhab, chercha, par ce besoin de représailles qui est une religion chez les Arabes, à venger sa famille et ses compatriotes. Elle fit servir sur la table du prophète un agneau empoisonné. Mahomet rejeta promptement le morceau qu'il allait avaler, et interrogea la Juive sur le motif qui avait pu la porter à ce crime. « J'ai voulu, répondit-elle, m'assurer de ta mission ; si tu es véritablement un envoyé de Dieu, tu aurais échappé au danger ; si tu n'es pas prophète, je délivrais le monde d'un imposteur. » Mahomet se ressentit toute sa vie d'avoir gardé quelques instants dans sa bouche le morceau de viande imprégné de poison, et l'on attribue sa mort prématurée à la tentative de Zaïnab. En rentrant à Médine, il retrouva ceux de ses premiers disciples qui s'étaient réfugiés en Abyssinie. « Je ne sais, s'écria-t-il, ce qui me rend plus joyeux, de la conquête de Khaïbar ou du retour de mes anciens compagnons. »

III.

Mahomet envoie des députés aux princes voisins. — Il fait le pèlerinage de la Caaba. — Guerre contre les Grecs : bataille de Muta. — 630. Prise de La Mecque par Mahomet. — Guerre des idoles. — 631. Année des ambassades. — Expédition des Tabouk. — 632. Mort de Mahomet. — — Son portrait et ses mœurs. — Fanatisme de ses compagnons. — Son talent poétique. — Reproches qu'il mérite. — De son inspiration. — Miracles de sa vie.

Tous les faits précédemment racontés se sont accomplis dans les étroites limites de l'Hedjaz. Après la prise de Khaïbar, Mahomet s'estimait assez fort pour traiter d'égal à égal, non-seulement avec les chefs des autres parties de l'Arabie, mais encore avec les souverains étrangers. Décidé à propager sa foi hors de la péninsule, il écrivit à ses voisins, en scellant ses lettres d'un sceau d'argent sur lequel étaient gravés ces mots : *Mahomet, apôtre de Dieu.* A la réception de ce message, Chosroës II, roi de Perse, irrité de voir que ses titres et les expressions de respect dus à son rang y étaient omis, déchira la lettre en morceaux. Mahomet en l'apprenant s'écria : « C'est ainsi que Dieu mettra en pièces son royaume. » Héraclius, empereur de Constantinople, reçut avec de grandes démonstrations de respect l'envoyé du prophète, mais se contenta de le charger de quelques présents pour son maître. Le *négusch* ou roi d'Abyssinie ne se convertit pas davantage. Makawkas, intendant de l'Égypte, qui s'était soustrait à la domination d'Héraclius en prenant le titre de prince des Cophtes, demanda du temps, et offrit à Mahomet une mule blanche, un âne, du miel et du beurre, des habits de lin, et deux belles esclaves. Il n'y eut que les chefs de l'Yémen et du Bahreïn qui acceptèrent la foi nouvelle.

L'année pendant laquelle Mahomet, par son traité avec les Koréischites, s'était interdit l'entrée de La Mecque, étant expirée, il entreprit le pèlerinage de la Caaba. Soixante-dix chameaux furent immolés dans cette importante cérémonie. Le voyage du prophète fut surtout remarquable par la conversion des deux Koréischites qui ont occupé une place brillante dans l'histoire, Khaled et Amrou : il put voir, cette année-là même, quels services ils étaient capables de rendre.

L'officier qui commandait au nom d'Héraclius dans la petite ville de Muta, en Syrie, mit à mort un envoyé de Mahomet. Celui-ci, sans être effrayé de la puissance des Grecs, envoya trois mille hommes d'élite pour punir cette violation du droit des gens ; il leur donna les instructions suivantes : « En vengeant mes offenses, ayez soin de ne pas violenter les innocents amis de la retraite domestique. Épargnez la faiblesse d'un sexe paisible, l'enfant à la mamelle, et ceux qui, dans le cours de la nature, se hâtent vers la fin de cette scène de mortalité. Ne démolissez pas les habitations de ceux qui ne font aucune résistance ; ne leur ôtez pas les moyens de subsister ; respectez leurs arbres à fruits, et ne touchez point au palmier, si utile aux Syriens pour son ombre, et dont la verdure a tant de charmes. »

La bataille eut lieu près de Muta, en septembre 629. L'armée grecque, suivant les calculs les moins exagérés, s'élevait à trente mille hommes. Dès la première attaque, Séïd, qui portait l'étendard du prophète, fut tué. Giafar, cousin de Mahomet, saisit alors le drapeau, et ramena les Arabes contre leurs ennemis : un coup de sabre lui abattit la main droite ; il reprit l'étendard de la gauche, qui fut coupée à son tour ; alors il le serra de ses deux bras contre sa poitrine, jusqu'à ce qu'un dernier coup lui fendît le crâne. Un troisième chef, Abdallah, s'empara du commandement, et reçut aussi une mort glorieuse. Enfin, Khaled, par son habileté et sa bravoure, arracha l'armée à une perte certaine, rallia les fuyards et contraignit les Grecs à la retraite. Pour sa belle conduite dans cette affaire, il reçut du prophète le surnom d'*Épée de Dieu*, et il disait : « En ce jour-là, neuf épées se rompirent en ma main, et à la fin je n'avais plus pour armes offensives et défensives qu'une petite écuelle de bois. » La joie de Mahomet fut mêlée de regrets. Un disciple le trouva pleurant avec la fille de Séïd. « Que vois-je ? » s'écria-t-il, étonné de cette faiblesse humaine chez un envoyé du Ciel. — « Tu vois, dit Mahomet, un ami qui pleure la perte de son plus fidèle compagnon. » Et à ceux qui avaient assisté aux funérailles de Giafar, il disait : « Ne le pleurez plus ; car, à la place de ses deux mains coupées, on lui a donné deux ailes qui le portent en paradis, au lieu qu'il a choisi pour demeure. »

L'heure était enfin venue d'abattre les Koréischites. Mahomet marcha contre La Mecque avec dix mille hommes, prenant pour prétexte une attaque des habitants de cette ville contre une tribu qui lui était alliée. Abou-Sofian, ayant été rencontré hors des murs, se convertit pour avoir la vie sauve ; on le renvoya aussitôt, après lui avoir montré les préparatifs formidables de l'attaque, afin qu'il en rendît compte aux siens. Les Koréischites, frappés de découragement, ne se défendirent même pas. La prise de La Mecque ne coûta que deux hommes aux assaillants, et, sans la fougue indisciplinable de Khaled, qui tua vingt-huit ennemis, malgré les ordres du prophète, on n'aurait jamais vu d'affaire moins sanglante. Les chefs de la ville furent amenés devant Mahomet : il eut pitié de leur grandeur déchue, et respecta leur antique valeur. « Quel traitement attendez-vous, leur dit-il, d'un homme que vous avez si gravement offensé? — Nous nous confions, répondirent-ils, dans la générosité d'un parent. — Cette confiance ne sera pas vaine, reprit-il; car vous êtes libres. » Six hommes et quatre femmes furent seuls exceptés du pardon; ils s'en étaient rendus indignes, soit par l'assassinat, soit par l'apostasie. Mahomet, proclamé chef spirituel et temporel, reçut le serment du peuple de La Mecque. Comme il prêchait l'unité religieuse, il se rendit à la Caaba, et renversa les trois cent soixante idoles, en disant : « La vérité est venue; que le mensonge disparaisse et ne revienne jamais. »

Le reste de l'année fut employé à combattre les tribus arabes qui n'avaient pas encore renoncé à l'idolâtrie; c'est ce qu'on nomme la *guerre des idoles*. Le prophète, après avoir gagné une bataille dans la vallée d'Honaïn, fit à deux reprises différentes le siége de Taïef : la première fois, il enleva six mille captifs, vingt-quatre mille chameaux, quarante mille moutons et quatre mille onces d'argent; la seconde, il prit la ville. De retour à Médine, il reçut les envoyés de toutes les tribus qui avaient accepté sa doctrine; « ils surpassaient en nombre les dattes mûres qui tombent du palmier. » Cette année 631 fut appelée, pour ce motif, l'*année des ambassades.*

La dernière expédition de Mahomet eut un caractère national. Il avait été informé que les Grecs, pour prendre la revanche de Muta, méditaient une expédition contre l'Arabie : il voulut les prévenir. On allait entreprendre une guerre longue et pénible ; plusieurs guerriers murmuraient, alléguant les chaleurs excessives. « Il fera bien plus chaud en enfer, » leur dit Mahomet. Ses plus fidèles amis, afin d'entraîner les indécis et les faibles, firent en leur faveur le sacrifice d'une partie de leurs richesses : Abou-Bekr donna tous ses biens, Omar et Othman livrèrent leur or et leurs chameaux ; des femmes contribuèrent de leurs bijoux. On parvint à réunir dix mille cavaliers, vingt mille hommes d'infanterie et douze mille chameaux. Cette armée, après de longues fatigues, atteignit Tabouk, lieu situé à moitié chemin de Médine à Damas. Le prophète apprit alors que les Grecs, au bruit de sa marche, s'étaient retirés dans l'intérieur de la Syrie, et avaient renoncé à leur projet d'invasion ; il licencia ses compagnons. L'expé dition de Tabouk n'en eut pas moins une importance très-grande ; car Mahomet était arrivé à réunir une puissante armée, à l'éprouver de toutes façons. Dix jours de marche consécutifs dans le désert n'avaient point épuisé les forces de ses Arabes ; les ardeurs du soleil n'avaient point abattu leur courage ; la soif et la faim n'avaient point lassé leur patience. A Tabouk, ce n'étaient plus des tribus réunies qui campaient, c'était une nation. Désormais, la religion nouvelle allait avoir une armée toute dévouée à ses chefs, toute confiante en son avenir, tout assurée de sa force.

En 632, Mahomet vint faire à La Mecque un *pèlerinage d'adieu*, avec toutes les cérémonies que les fidèles devaient accomplir à perpétuité. Cent quatorze mille convertis s'y trouvèrent. A peine était-il rentré à Médine qu'il fut saisi d'une fièvre violente. Sentant sa fin approcher, il se rendit à la mosquée et dit : « Si j'ai frappé quelqu'un, voici mon dos, qu'il frappe ; si j'ai nui à la réputation de quelqu'un, qu'il proclame tout haut mes fautes ; si je dois quelque chose à quelqu'un, que mon bien serve à payer les intérêts et le capital. » Un homme sortant de la foule réclama trois drachmes d'argent. Mahomet les lui donna, en ajoutant : « Mieux vaut endurer la honte en ce monde que dans l'autre. » Il mourut quelques jours après (le 8 juin), à l'âge de soixante-trois ans. Le désespoir fut grand parmi ses disciples. Omar, tirant son cimeterre, déclara qu'il abattrait la tête de quiconque oserait dire que le prophète n'était plus. Mais Abou-Bekr lui dit : « Est-ce Mahomet ou le dieu de Mahomet que nous adorons ? Le dieu de Mahomet vit éternellement ; mais l'apôtre n'était qu'un mortel comme nous, et il a éprouvé le sort commun des hommes. » Le tumulte fut apaisé et Mahomet eut son tombeau dans le lieu mêm où il avait expiré.

Les écrivains arabes insistent avec orgueil su les grâces du corps et de l'esprit dont la natur avait doué leur prophète. Il avait, disent-ils une constitution vigoureuse, la taille moyenne, tête forte, le front large et élevé, les yeux granc et vifs, la peau brune et colorée, les traits pr noncés, la barbe épaisse, la bouche vermeille les dents d'une éclatante blancheur. « Il était sob de discours futiles, et son goût le portait à gard le silence. Son visage annonçait la bienveillanc son humeur était douce, son caractère égal; parents ou étrangers, faibles ou puissants trouvaient en lui une égale justice. Il aimait les humbles et ne méprisait pas le pauvre à cause de sa pauvreté, comme il n'honorait pas le riche à cause de sa richesse. Toujours soigneux de se concilier l'amour des hommes marquants et l'attachement de ses compagnons, qu'il ne rebutait jamais, il écoutait avec une grande patience celui qui venait s'asseoir auprès de lui. Jamais il ne se retirait que l'homme auquel il donnait audience ne se fût retiré le premier; de même que si quelqu'un lui prenait la main, il la lui laissait aussi longtemps que la personne qui l'avait abordé ne retirait pas la sienne. Il en était de même si l'on restait debout avec lui à traiter de quelque affaire; toujours dans ce cas il ne partait que le dernier *. » Mahomet avait une âme ardente, une imagination riche, un esprit pénétrant et souple, un courage intrépide, une volonté inébranlable. Sa franchise l'avait fait surnommer *El Amin* ou le sincère. Sa charité était si extraordinaire, qu'il avait rarement de l'argent

* Aboulféda.

dans sa maison, n'en gardant que ce qui était absolument nécessaire à l'entretien de sa famille. « La libéralité, disait-il dans son langage figuré, est une branche de l'arbre de la béatitude, dont la racine est dans le paradis. » Il était patient dans la mauvaise fortune; en apprenant la mort d'une de ses filles, il s'écria : « Que Dieu soit béni! Recevons de lui comme un bienfait même la mort de nos enfants. »

Mahomet, au milieu des plus grandes prospérités, n'abandonna pas la simplicité de ses mœurs premières. « Il s'occupait lui-même à traire ses brebis, s'asseyait à terre, raccommodait ses vêtements et ses chaussures, qu'il portait ensuite, tout raccommodés qu'ils étaient. Au nombre de ses compagnons, il admettait des pauvres gens qu'on appelait *les hommes du banc*. C'étaient de malheureux Arabes qui, n'ayant ni asile, ni famille, dormaient la nuit dans la mosquée de Médine, et s'y abritaient le jour. Le banc de la mosquée étant leur domicile, ils en avaient pris le nom. Quand le prophète allait souper, il en faisait appeler quelques-uns pour partager son repas, et distribuait les autres aux principaux de ses compagnons, pour qu'ils pourvussent à leur nourriture. Il sortit de ce monde sans s'être une seule fois rassasié de pain d'orge, et quelquefois il arrivait que sa famille entière passait un ou deux mois sans que, dans aucune des maisons où elle faisait sa résidence, on eût allumé du feu pour y préparer des aliments. Des dattes et de l'eau, voilà quelle était sa nourriture. Quelquefois il était tellement pressé par la faim, que, pour en moins sentir les angoisses, il appuyait fortement une pierre sur son ventre et l'y maintenait avec sa ceinture*. »

On peut se faire une idée du respect et de la vénération incroyables que les Arabes avaient pour leur prophète, par le rapport qu'un député d'une tribu idolâtre fit à ceux qui l'avaient envoyé vers lui. « J'ai vécu, dit-il, à la cour d'empereurs; j'ai vu Chosroës dans tout l'éclat de sa gloire; j'ai vu Héraclius entouré du faste des Césars. Mais aucun roi n'est révéré de ses sujets comme Mahomet l'est de ses compagnons d'armes. S'il fait ses ablutions, l'eau dont il se sert est re-

* Aboulféda.

cueillie de manière à ce qu'il ne s'en perde pas une goutte ; s'il lui tombe un cheveu, il est conservé comme une relique ; s'il crache, on est là pour recevoir sa salive. » Tout le monde connaît ces paroles d'Ali à son maître : « Si quelqu'un s'oppose à toi, je lui briserai les dents, je lui arracherai les yeux, je lui fendrai le ventre, je lui romprai les jambes. » Il est impossible d'exciter un plus aveugle fanatisme.

Un des moyens par lesquels Mahomet frappa vivement l'esprit de ses compatriotes, ce fut son talent poétique. C'était la coutume chez les Arabes que les poètes allassent afficher leurs poèmes sur les murailles de la Caaba ; le peuple entier, juge du mérite de ces compositions, décernait le prix de la poésie. Pour répandre sa doctrine, Mahomet prit cette voie. On raconte qu'un des poètes les plus renommés, ayant lu quelques lignes du prophète, s'avoua immédiatement vaincu.

Mahomet feignit d'être illettré, pour inspirer une plus grande foi dans les révélations qui, disait-il, lui étaient faites par écrit. On ne saurait admettre, comme on l'a prétendu, qu'il ne savait ni lire ni écrire. C'est ce qui résulte de plusieurs passages empruntés à son livre. « Tout mal naît de l'ignorance; il y a cependant un plus grand mal, c'est d'ignorer sa propre ignorance. L'ignorant ne fait pas attention à ce qui se passe autour de lui, ni à ce que font les autres; s'il possède une vertu, il croit en avoir cent; s'il a mille défauts, il ne s'en connaît pas un. — L'ignorance est une mauvaise monture, qui rend ridicule celui qui la monte et celui qui la conduit. — Les montagnes manifestent par l'écho le plaisir qu'elles ressentent aux accents d'une voix mélodieuse; les roses et les jasmins s'épanouissent au chant des rossignols; les chameaux eux-mêmes se raniment à la chanson du chamelier. Celui-là est plus dur que le roc, plus stupide qu'une bête, qui ne se plaît pas à l'entretien du savant. »

Parmi les reproches que l'on doit adresser à Mahomet, un des plus graves est celui d'avoir été cruel. Aucune violence ne lui coûta pour protéger sa vie et pour assurer le triomphe de sa doctrine, et son histoire est remplie d'actes qui rappellent la barbarie des temps où il vécut. Toutefois, il ne faut pas oublier qu'excité sans cesse par les conseils des hommes violents qui l'entouraient, il sut maîtriser aussi leur emportement; qu'il résista aux entraînements de passions haineuses, couvertes sous le voile du fanatisme religieux; qu'il eut souvent la générosité, après la victoire, de pardonner à ses ennemis. Un jour, un jeune fanatique vint le trouver. « Prophète de Dieu, dit-il, on me dit que tu veux punir mon père de mort; si telle est ton intention, ordonne, et je t'apporte sa tête. — Ce que je t'ordonne, répondit Mahomet, c'est d'être un fils tendre et un frère d'armes dévoué. »

La passion dominante de Mahomet fut l'enthousiasme religieux, fruit d'une imagination exaltée et rêveuse. L'expérience prouve qu'avec une organisation sensible et un esprit déréglé, on arrivera facilement à se repaître de chimères et d'erreurs, à confondre la vérité et le mensonge, à transformer en réalités les illusions de l'orgueil. Il dut en être ainsi du prophète arabe : à force de s'attribuer une mission divine en présence d'autrui, il se persuada qu'il était vraiment l'envoyé de Dieu. L'ambition, l'amour du pouvoir se mêla sans doute à cet enthousiasme. Mahomet usa-t-il de supercherie, pour faire croire qu'il recevait ses inspirations d'en-haut? On ne saurait en douter, sans qu'il y ait besoin d'admettre toutes les fables rapportées par les écrivains grecs. Ainsi, ils prétendent qu'il avait dressé une colombe à venir prendre quelques grains de riz dans son oreille; il disait qu'il recevait ainsi les communications de Dieu. Les Arabes ont attribué à l'apparition de l'esprit divin certains phénomènes nerveux, comme l'épilepsie, auxquels Mahomet était fréquemment exposé. Ils voyaient le signe de sa mission prophétique dans une excroissance charnue, de la grosseur d'un œuf de pigeon, qu'il avait sur le dos, entre les épaules..

Les prétendues révélations de l'ange Gabriel furent le principal instrument de la grandeur de Mahomet, et il arriva souvent à ce faux prophète de faire un honteux abus de la parole divine pour autoriser ses propres désordres. Sa vie fut une exception continuelle aux règles posées par lui-même; l'ange venait chaque fois le dispenser de les observer. Il a écrit sa propre condamnation dans ces paroles: « Quelle impiété pire que de faire Dieu complice d'un mensonge, que de s'attribuer des révélations que l'on n'a pas, que de dire : Je ferai descendre un livre égal à celui que Dieu envoya ? »

Pendant quelques années, l'œuvre de la conversion avait été lente. Si Mahomet disait que sa doctrine était divine, parce qu'elle était excellente; s'il insistait sur la beauté inimitable des pages apportées par l'ange Gabriel, le peuple demandait à haute voix des prodiges. On doit avouer que le prophète, en témoignage de son apostolat, ne prétendit pas au don des miracles. « Ils jurèrent que, s'ils voyaient un seul miracle, ils croiraient au livre qui te fut envoyé. En effet, les miracles sont dans la main de Dieu. Mais dis-leur : Celui qui fait croître les moissons, qui alimente l'homme avec le pain, et le façonne en chair et en os, ne pourrait-il planter un jardin dans le désert et faire jaillir des eaux vives d'un rocher? Oui sans doute, sa toute-puissance abat le raisonnement des infidèles. O prophète ! dis-leur que, quand ils verraient des millions d'anges, quand les morts parleraient, ils ne croiraient pas plus qu'ils ne croient à cette heure aux bienfaits divins.

« Peuples, les arguments abondent pour vous

convaincre de la vérité. Je n'emploierai de prodiges que pour l'effroi des méchants. Ne suis-je pas un homme comme les autres? A quoi bon les miracles ? J'ai été envoyé pour vous inviter à recevoir le bien qui vous était offert, et à craindre le mal qui vous menaçait. Je dis uniquement ce qui me fut prescrit.* »

Si on le pressait trop vivement, Mahomet répondait que Moïse et Jésus avaient prouvé l'origine céleste de leur mission en déployant une puissance surnaturelle, ce qui n'avait pas empêché le monde de se perdre dans l'infidélité, et les miracles d'être inutiles.

Malgré ses déclarations précises, ses sectateurs associèrent un prodige à chacun de ses actes, et ainsi se forma la légende miraculeuse de sa vie, consignée dans la *Sunna* ou tradition. La nuit qu'il vint au monde, une lumière divine sortit du sein de sa mère et éclaira toute l'Arabie; les génies du mal furent précipités des sphères célestes ; le feu sacré de Zoroastre, allumé par les mages depuis plus de mille ans, s'éteignit tout-à-coup ; les

---

* Koran.

tours du palais de Chosroës s'écroulèrent avec fracas. Durant son enfance, les prodiges continuent. Lorsque sa nourrice le porte sur les chemins, les arbres le saluent ou vont à sa rencontre, les rochers s'agitent et se fendent en signe de respect; l'eau jaillit de ses doigts; une poutre gémit devant lui. Un jour qu'il s'est éloigné avec d'autres enfants de la tente qui leur servait de demeure, un homme vêtu de blanc, et tout resplendissant d'une lumière surnaturelle, se présente à lui, le jette à terre, lui ouvre la poitrine, lui prend le cœur, le purifie de son souffle et l'imprègne de l'esprit de Dieu.

Un des contes les plus ridicules est le miracle de la lune. Les paroles de Mahomet, disent les Orientaux, coupèrent la lune en deux parts. Cet astre se détourna de sa route, fit sept fois le tour de la Caaba, salua le prophète en langue arabe, entra par le col de sa chemise, et sortit par la manche.

Mahomet était trop habile pour exposer le crédit de sa cause à des prophéties d'un accomplissement immédiat, ou en donnant des ordres à la nature. Néanmoins, comptant sur sa réputation de véracité, il assura solennellement à ses disciples que le voile entre lui et Dieu était tombé, et qu'il avait été transporté au-delà du septième ciel. Il montait Borak, jument à figure de femme, à crinière de perles et à queue d'émeraudes. Il put saluer les patriarches, les prophètes et les anges. Il s'approcha à deux portées d'arc du trône de Dieu, et sentit le froid glacer son cœur, quand la main de Dieu lui toucha l'épaule. Il redescendit à Jérusalem, puis à La Mecque, après avoir fait, dans la dixième partie d'une nuit, un voyage de plusieurs milliers d'années. Aboulféda simplifie beaucoup cette fable du voyage nocturne, en disant : « Le voyage du prophète de Dieu depuis La Mecque jusqu'à Jérusalem en une seule nuit, et son ascension au-delà du septième ciel, sont placés par différents auteurs à diverses époques. On n'est pas d'accord non plus si le prophète fit ce voyage en réalité, ou si, pour lui, ce fut une vision. »

Quelques-uns des miracles de la *Sunna* sont évidemment calqués sur ceux de l'Évangile. Ainsi, Aboulféda nous dit : « La fille de Baschir avait été envoyée par sa mère pour porter un repas composé de quelques dattes à son père et à son oncle. Elle passa près du prophète, qui l'appela et lui dit : Donne-moi ce que tu tiens, ô ma fille ! — A ces mots, elle versa les dattes dans les mains du prophète, et il n'y en avait pas assez pour les remplir. Alors il fit apporter un manteau, y mit les dattes, et dit à quelqu'un : Appelez les travailleurs, qu'ils viennent prendre leur repas. En effet, ils se mirent tous à manger, et les dattes se multipliaient au point que, lorsque les ouvriers furent rassasiés, des fruits tombaient encore des plis du manteau. » Le même auteur prête à un contemporain de Mahomet le récit suivant :

« J'avais pour toute provision chez moi une petite brebis maigre ; j'ordonnai à ma femme de la faire rôtir et de faire cuire un pain d'orge pour le prophète. Cependant nous travaillions tout le jour et nous retirions vers le soir. Au moment de partir, je dis au prophète : J'ai préparé pour toi une brebis et un pain d'orge ; je serais heureux que tu voulusses venir à ma maison. Aussitôt le prophète ordonna à quelqu'un de crier aux travailleurs qu'ils eussent à le suivre. — Nous appartenons à Dieu et nous devons revenir à lui, dis-je en moi-même; mais que vais-je faire de tout ce monde avec ma brebis et mon pain d'orge? — Cependant Mahomet et tous les travailleurs avec lui arrivèrent chez moi. Nous lui offrîmes les mets, qu'il bénit; puis les travailleurs s'approchèrent tour à tour, une nouvelle troupe succédant à celle qui se retirait, jusqu'à ce qu'ils fussent tous rassasiés. »

Ne retrouve-t-on pas, dans ces deux anecdotes, le miracle de la multiplication des pains rapporté dans l'Évangile?

Il y a ainsi, dans les auteurs orientaux, plus de trois mille miracles attribués à Mahomet, et que personne n'a jamais vus. Mais les récits d'une nature merveilleuse s'adaptaient bien à l'imagination des Arabes; c'est ce qui facilita les progrès d'une révolution fondée par l'enthousiasme et propagée par la fraude.

CHAPITRE III.

LE KORAN.

I.

Origine et composition du Koran. — Absence d'originalité. — De son mérite littéraire. — Résumé des dogmes du Koran : — 1° Unité de Dieu, — les Anges, — 3° les Prophètes ; — 4° le Jugement dernier, paradis et enfer ; — 5° Doctrine de la prédestination ou du fatalisme.

Toute la doctrine de Mahomet est renfermée dans un livre qui possède, aux yeux des Arabes, un caractère sacré, et dont l'origine est divine. Ils le nomment *Al Koran*, c'est-à-dire *le livre* par excellence. Pour eux, le Koran est un code à la fois religieux, moral, civil et politique, et, suivant une parole souvent répétée par Ali, « il contient l'histoire du passé, les prédictions de l'avenir et les lois du présent. » Les sectateurs de Mahomet ont pour ce livre la plus grande vénération : ils ne le touchent et ne le lisent qu'après les ablutions prescrites par la loi ; ils ne le tiennent jamais plus bas que leur ceinture, le portent avec eux à la guerre, et en tirent des maximes pour les inscrire sur leurs bannières ou sur les murs des mosquées. L'infidèle qui met la main sur le Koran est puni de mort, à moins qu'il ne se convertisse.

Mahomet a toujours soutenu la divinité de son livre ; il défiait les hommes et les anges d'en imiter une seule phrase. « Le Koran, disait-il, est l'ouvrage de Dieu, et confirme la vérité des Ecritures qui le précèdent ; il en est l'interprétation.—Quand l'enfer s'unirait à la terre pour produire un ouvrage semblable, leurs efforts seraient vains. » Certains docteurs mahométans prétendent que le Koran est incréé, éternel, gardé au septième ciel près du trône de Dieu par des milliers d'anges, qui empêchent les démons d'en altérer le contenu ; que cette table est aussi longue que l'espace qui sépare le ciel de la terre, aussi large que la distance de l'Orient à l'Occident ; qu'elle est faite d'une seule pierre précieuse, dont la blancheur est parfaite; que Gabriel apporta une copie du livre divin, écrite sur papier orné de soie et de pierreries.

La prétendue révélation du Koran ne fut pas instantanée, mais successive; Mahomet en dictait des parties à ses disciples, selon les besoins des passions et de la politique, selon les exigences du moment. Ces fragments, gravés sur des omoplates de brebis, sur des pierres blanches, sur des feuilles de palmier, sur des morceaux de cuir ou d'étoffes, ne furent réunis ensemble qu'après la mort du prophète, par les soins d'Abou-Bekr. Un exemplaire d'un caractère très-fin, copié de la main d'Omar, est conservé à Constantinople.

Les cent quatorze chapitres du Koran ont été recueillis sans ordre de temps ni de matière; on les rangea en commençant par les plus longs. Il en résulte que ce livre est décousu, incohérent et confus; il manque d'unité et de simplicité : les versets se succèdent même sans aucune connexité ni rapport. C'est un chaos où se trouve pêle-mêle les récits, les paraboles, les visions, les lieux communs; c'est un composé de pièces et de morceaux, un amas d'éléments hétérogènes, empruntés à toutes les religions. La plupart des maximes y sont combattues par des maximes contraires, et la vérité s'y rencontre avec l'imposture, le sublime avec l'absurde : ce ne sont que contradictions manifestes et ignorances grossières.

On ne saurait accorder au Koran le mérite de l'originalité. Il n'est pas nécessaire d'admettre, ainsi que plusieurs écrivains l'ont avancé, que Mahomet fut aidé par des Juifs ou des chrétiens qui lui lisaient le Pentateuque et l'Evangile : la situation religieuse de l'Arabie, lors de la venue du prophète, suffit à expliquer les emprunts qu'il fit, soit au judaïsme, soit à la religion chrétienne, surtout aux opinions nestoriennes. Comparez les récits du Koran sur l'histoire des Juifs et de leurs prophètes avec ceux de la Bible ; ce sont des réminiscences dans lesquelles le faux et l'apocryphe sont presque toujours à côté du vrai et de l'authentique. Mahomet tire de la loi de Moïse ses plus minutieuses prescriptions ; il puise dans l'Evangile ce qu'il y a de touchant dans ses instructions ou d'élevé dans ses maximes. Il entasse les apologues empruntés au fabuliste indien Lockman, les contes arabes, les histoires plus ou moins altérées de l'Ancien ou du Nouveau Testament. Sa vie, comme sa doctrine, est un plagiat continuel : ainsi, le miracle de la grotte où se cacha le prophète au sortir de La Mecque rappelle l'histoire de David fuyant devant Saül ; l'entrée de Mahomet à Médine est semblable à celle de Jésus-Christ dans Jérusalem ; il choisit douze hommes de Médine, qui doivent avoir la même autorité que les douze apôtres de Jésus parmi ses disciples. Un père de l'Eglise a pu le surnommer avec raison *le singe de Dieu*.

Le Koran est regardé par les Orientaux comme un chef-d'œuvre de style et de poésie ; il est écrit dans le dialecte le plus pur de l'Arabie, celui qu'on parlait dans l'Hedjaz à l'époque de Mahomet, et qu'on enseigne aujourd'hui dans les écoles comme langue morte. Les versets, quoiqu'en prose, se terminent par des rimes redoublées. La forme en est serrée et d'une concision telle, que les Arabes eux-mêmes ont besoin de nombreux commentaires. On trouve dans le Koran des peintures riantes et des descriptions gracieuses ; l'auteur atteint le sublime, quand il parle de la Divinité ou quand il l'invoque. S'il dépeint le bonheur destiné aux fidèles, il a une richesse d'images, une magnificence d'expressions qui éblouit par sa variété; s'il retrace les châtiments qui attendent l'impie ou les terreurs du jugement dernier, il est ardent et terrible. Ces beautés sont sensibles pour les Européens eux-mêmes. Mais elles ne compensent pas les longueurs, les répétitions fastidieuses et la fréquente obscurité du livre.

On peut distinguer deux parties dans le Koran, l'une consacrée aux dogmes, l'autre concernant les préceptes; en d'autres termes, ce qu'il faut croire, et ce qu'il faut pratiquer.

Les articles de foi sont au nombre de cinq: l'unité de Dieu, l'existence des anges, la mission des prophètes, le jugement dernier et la prédestination.

Dieu est un, tout-puissant, omniscient, juste, bon et miséricordieux. Le dogme de l'unité de Dieu est fort important; il donne à la doctrine de Mahomet une supériorité incontestable sur la grossière idolâtrie que pratiquaient les Arabes du septième siècle. Mais Mahomet a voulu jeter de la défaveur sur les chrétiens en les accusant de polythéisme, en feignant toujours de prendre les trois personnes de la Trinité pour trois dieux distincts. Par la négation de la Trinité et de l'Incarnation, il croyait faire de grandes concessions à la raison humaine : il n'arriva qu'à organiser le pur déisme, qu'à enseigner la religion primitive ou naturelle, aux dépens de la religion révélée. « Dieu, dit-il, c'est la vérité; et les dieux que vous invoquez, c'est le mensonge. Dieu ne peut avoir d'enfants; loin de sa gloire ce blasphème! Peu s'en faut que les cieux ne se fendent en l'entendant, que la terre ne s'entr'ouvre et que les montagnes ne s'écroulent. Quiconque dirait : Je suis un dieu à côté de Dieu, aurait l'enfer pour récompense...... Ne donnez pas d'associés à Dieu. Dieu pardonnera tous les autres péchés, mais il ne pardonnera pas à ceux qui lui ont associé des créateurs : ceux-là commettent un crime irrémissible... Dieu existe par lui-même, il n'engendre ni n'est engendré, il n'a point de compagnon, il règne seul*. » Mahomet reste donc bien au-dessous des sages de l'antiquité païenne, Socrate et Platon, qui entrevoyaient en Dieu une

* Koran, *passim*.

génération spirituelle du Verbe ; il n'a pas compris que Dieu engendre éternellement, de sa propre substance, son Verbe, son Fils unique, comme la lumière engendre ou produit naturellement son rayon. Il crie à l'impiété, disant que, si Dieu avait un fils, il aurait aussi une femme, et, par une contradiction évidente, il admet que Jésus-Christ est né d'une vierge immaculée.

Dans la religion de Mahomet, toute représentation figurée de la divinité est proscrite, comme dans le mosaïsme : on défend le culte des images et des reliques.

Le second dogme est la croyance aux anges messagers créés par Dieu pour le service de l'homme, êtres formés de lumière et d'une éclatante blancheur. Mahomet en distingue quatr principaux : Gabriel, appelé aussi le Saint-Esprit ange de la révélation, chargé d'annoncer aux prophètes leur mission divine et de leur transmettr les paroles du Seigneur ; Michel, ami des Juifs présidant aux éléments et versant les pluies bienfaisantes ; Azraël, ange de la mort, qui sépar l'âme du corps et la conduit devant son juge ; Isr fil, ange de la résurrection, celui qui sonnera trompette à la fin des siècles. Un esprit du mal, Eblis, offre une frappante ressemblance avec le Satan des Juifs et l'Arimane des Perses. Deux anges accompagnent chaque homme, pour observer et écrire ses actions.

Les Arabes admettent encore des *djinn* ou génies, et des *péri* ou fées, d'une nature plus grossière que celle des anges; ils habitaient le monde avant la création d'Adam.

Dieu, selon Mahomet, a souvent révélé à l'homme sa volonté. Le nombre de ses envoyés sur la terre est de cent vingt-quatre mille; mais trois cent treize seulement eurent pour mission de détruire les superstitions. Six d'entre les prophètes furent législateurs : ce sont Adam, Noé, Abraham, Moïse, Jésus et Mahomet.

Les Arabes ont toujours montré un grand respect pour Jésus : parmi les figures qui ornaient la Kaaba, celle de la Vierge Marie, tenant l'enfant Jésus sur ses genoux, se trouvait sculptée sur une des colonnes qui soutiennent l'intérieur de l'édifice. Mahomet, ainsi que l'observe Pierre Damien, est l'un des premiers qui aient parlé de la conception de la Vierge; au moyen-âge, lorsque les Franciscains répandirent le culte de Marie et la doctrine de l'immaculée conception, ils furent accusés d'avoir pris l'idée de cette innovation dans le Koran. Mahomet s'élève contre le titre de *mère de Dieu* donné à Marie; mais il la place avec la sœur de Moïse, sa propre femme Aïescha et sa fille Fatime, parmi les quatre femmes parfaites. Quant à Jésus, « il est, dit-il, l'apôtre de Dieu; c'est un de ceux qui approchent le plus de la face de Dieu. Au jour du jugement, il viendra témoigner contre les Juifs, qui l'ont méconnu, et contre les chrétiens, qui en ont fait le fils de Dieu. » Il prétend que les Juifs, qui crurent l'avoir tué, ne frappèrent qu'un fantôme ou le traître Judas, tandis que son corps était monté dans les cieux. Les Mahométans nient la divinité de Jésus-Christ, mais reconnaissent la divinité de son Evangile. Les voyageurs racontent que quelques hommes faillirent périr pour avoir parlé sans respect du Messie; et l'on traite impunément de chiens les chrétiens.

Ce qui fait le propre de la religion de Mahomet, c'est que sa mission, dans la pensée des Arabes, est la continuation, le complément de celle des autres envoyés de Dieu. Mahomet est le dernier et le plus grand de tous les prophètes qui, depuis le commencement du monde, ont apporté aux hommes la parole divine. Le Pentateuque, les Psaumes, l'Evangile sont des livres inspirés ; mais le Koran est le sceau et la clôture des révélations. En sorte que l'axiôme principal des mahométans : *Il n'y a de Dieu que Dieu, et Mahomet est son prophète*, contient tout à la fois une vérité et un mensonge.

La vie de l'âme après le corps, la résurrection des corps au grand jour du jugement dernier, la réversibilité des mérites, l'éternité des peines et des récompenses, sont autant d'emprunts faits par Mahomet à la doctrine chrétienne. L'approche du jugement universel sera annoncée par des signes éclatants : une fumée noire et épaisse enveloppera tout le globe; l'Antéchrist bouleversera des royaumes; le Christ, revenant au monde, embrassera la religion du Koran; le soleil se lèvera à l'Occident; un immense incendie, prenant naissance dans l'Yémen, chassera les peuples devant lui jusqu'au lieu de leur réunion dernière. « Lorsque le son de la trompette se fera entendre, dit le Koran, lorsque la terre et les montagnes, enlevées dans les airs, seront brisées d'un même choc, ce jour-là sera le jour du jugement dernier. Les étoil seront dispersées, les mers confondront leu eaux, les tombeaux brisés laisseront échapper l corps qu'ils renferment, et les anges porteront trône du Seigneur. C'est alors que l'homme ver à la fois toutes les actions de sa vie. Celui à qui remettra le livre de ses œuvres dans la main droi sera admis dans le jardin de délices, celui à q on le remettra dans la main gauche sera liv aux gardiens de l'enfer. » Le jour du jugement d durer mille ou cinquante mille ans. L'ange Gabri pésera les actions dans une balance, dont les ba sins, assez vastes pour contenir le ciel et la ter seront suspendus l'un sur l'enfer, l'autre sur paradis. Les hommes devront passer sur le po *Al Sirat*, plus étroit que le cheveu le plus fin, pl affilé que le tranchant d'une épée; et tandis q les justes le franchiront d'un pas rapide, les m chants tomberont dans le gouffre de l'enfer.

Mahomet a peint son paradis avec une imag nation arabe. De riants bosquets, des ruisseau d'une eau incorruptible, des fleuves de lait ou miel, des fleurs odorantes, des lits de soie broch d'or, des siéges ornés de métaux précieux, d appétits toujours rassasiés et sans cesse renaissants, une jeunesse éternelle, des forces inépuisables, des mets et des vins exquis, de divines harmonies, des houris aux yeux noirs, formées du musc le plus pur et semblables à des perles cachées dans leurs coquilles, voilà les récompenses promises aux fidèles. Tous ces plaisirs sensuels ne sont point des allégories, comme celles que nous devinons dans le *Cantique des Cantiques* de Salomon; la réalité que leur donne Mahomet fait de son paradis un lieu de débauche. Pour séduire ses disciples, il a copié presque littéralement les merveilles du séjour de félicité des Hindous.

Les tortures de l'enfer sont aussi décrites avec une grande fécondité d'invention. Les coupables seront chargés de chaînes longues de soixante-dix coudées; ils auront aux pieds des chaussures de feu qui feront éclater leurs crânes comme des chaudières; on les abreuvera d'eau bouillante. Mahomet distingue sept enfers : il place dans le septième, au fond de l'abîme, les hypocrites de toutes les religions; dans le sixième, les idolâtres dans le cinquième, les Mages; dans le quatrième, les Juifs; dans le troisième, les chrétiens; dans le second, les apostats, et dans le premier, les mahométans impies, les seuls que les prières du prophète puissent sauver. Les peines seront éternelles pour ceux qui n'auront pas cru à l'unité de Dieu ; les autres n'auront à subir qu'une expiation temporaire.

Le dernier dogme enseigné par Mahomet est celui de la prédestination, bien qu'il soit inconciliable avec le dogme de la vie future et du jugement dernier. Les Arabes croient que leurs actions sont déterminées d'avance, qu'une aveugle fatalité pèse sur tous les hommes, et qu'il leur est impossible de s'y soustraire. *Ce qui est écrit est écrit*, disent-ils souvent. Une pareille croyance avilit l'homme, en le supposant esclave d'un destin irrésistible; elle est incompatible avec la liberté, la responsabilité et la moralité humaines. Mahomet fut contraint de proclamer la doctrine du fatalisme pour le succès de sa cause. Vaincu au combat d'Ohod, il essuyait les reproches de ses compagnons : pour y échapper, il répondit que tout était dans le secret de Dieu, que personne ne pouvait se soustraire à sa destinée, et qu'en tout cas ceux qui mouraient les armes à la main étaient assurés de la béatitude éternelle. Cette doctrine de circonstance devint une doctrine de nécessité. C'est le fatalisme, introduit dans les événements publics comme dans les actes de la vie privée, qui a détruit l'énergie et éteint l'enthousiasme en Orient; il a déguisé, sous le nom de résignation, un engourdissement voisin de la mort. Le mahométisme s'est appelé *Islam*, c'est-à-dire résignation à la volonté de Dieu; le *musulman* est l'homme résigné à cette volonté. La conséquence naturelle de la doctrine de la prédestination est une immobilité absolue. Les Arabes du temps de Mahomet auraient pu renoncer à toute activité, et laisser à la fortune le soin d'étendre ou de diminuer leur puissance. Mais Mahomet sut faire du fatalisme un auxiliaire de l'esprit de conquête : il persuada à ses compatriotes que les infidèles étaient prédestinés au feu éternel, que les décrets divins livraient le monde à leurs armes, et que l'islamisme devait s'établir par la force. Il leur enseigna que l'heure de la mort était écrite d'avance, que celui qui l'évitait à la bataille la rencontrait chez lui. Il sut inspirer à tous l'indifférence dans le péril, et donner à leur bravoure la plus entière sécurité.

II.

Préceptes du Koran : — Ablution, prière, jeûne, aumône, pèlerinage à La Mecque. — Recommandations générales. — Du Sacerdoce dans la religion mahométane : — Imans, muftis, ulémas, muezzins, cadis, derviches et fakirs.

La foi, comprise dans les différents dogmes dont nous avons donné l'analyse, est la seule obligation spirituelle imposée au musulman. L'important est que l'on croie; le reste est peu de chose. On doit cependant se soumettre au culte extérieur, dont les actes principaux sont l'ablution, la prière, le jeûne, l'aumône et le pèlerinage à La Mecque.

Les ablutions sont le prélude de la prière, et voilà pourquoi s'élèvent autour des mosquées ces nombreuses fontaines où chaque fidèle va se laver de toute souillure avant d'entrer dans le temple du Seigneur. « Quand vous vous disposez à la prière, dit le Koran, purifiez-vous d'abord le visage et les mains jusqu'au coude, puis la face jusqu'aux oreilles, et les pieds jusqu'à la cheville. La propreté est la clef de la prière. » Si le musulman n'a pas d'eau sous la main, comme en Arabie, où elle est rare, il peut faire ses ablutions avec le sable : « Lorsque vous êtes en voyage, et que vous ne trouvez point d'eau, frottez-vous le visage et les mains avec du sable. Dieu ne veut vous imposer aucune charge; mais il veut vous rendre purs et mettre le comble à ses bienfaits, afin que vous lui soyez reconnaissants. »

Dans l'origine, le musulman devait prier cinquante fois par jour; mais, dit le Koran, Mahomet obtint de Dieu que cinq prières seulement seraient obligatoires, avant le lever du soleil, à midi, avant et après le coucher du soleil, et à la première veille de la nuit. Ces prières, *colonnes de la religion et clefs du paradis*, sont courtes; on n'y trouve qu'une vaine formule sans vie et sans amour. Mahomet recommanda aux fidèles de se tourner, en priant, vers Jérusalem; il voulait peut-être se concilier ainsi les Juifs et les chrétiens, pour lesquels cette ville est également une cité sainte. Mais lorsque cet espoir lui eut échappé, il enjoignit aux croyants de se tourner vers La Mecque. Au dire des musulmans, la prière que fait un homme chez lui a le mérite d'une oraison; mais dans un temple, auprès de sa maison, elle est aussi efficace que vingt-cinq; dans une mosquée publique, elle l'est autant que cinq cents; à Jérusalem ou à Médine, elle en vaut cinquante mille; elle en vaut cent mille dans la Kaaba.

Le dimanche et le sabbat étant sacrés pour les chrétiens et les Juifs, Mahomet consacra à Dieu le vendredi, jour où l'homme fut créé, et où le prophète fit son entrée à Médine. Ce jour-là, l'heure des prières est annoncée, non pas au son de la trompette, comme chez les Hébreux, ni par les cloches, comme parmi les chrétiens, mais de vive voix, par le *muezzin*, qui crie du haut d'un minaret : *Il n'est point d'autre Dieu que Dieu, et Mahomet est son prophète. Musulmans, accourez à la prière*. On doit se présenter à la mosquée dans un costume décent, où il n'y ait point de luxe. Un *iman* récite du haut d'une chaire les prières au peuple, et y ajoute souvent la prédication. Pendant la prière en commun, les assistants sont prosternés jusqu'à toucher du front la terre, et mettent les pouces derrière l'oreille, pour indiquer un détachement complet des intérêts mondains. Les femmes, dont la vue pourrait causer des distractions à celui qui prie, ne viennent pas à la mosquée avec les hommes. Après la cérémonie, chacun peut se livrer à ses travaux habituels.

Les sacrifices ne sont pas considérés comme partie intégrante du culte. Les Arabes les pratiquent néanmoins dans quelques circonstances, au terme d'un voyage, lors de la naissance ou de la mort d'un fils, à l'occasion de la dédicace d'une mosquée, etc.

Le jeûne est encore un des préceptes formels de la loi de Mahomet. Quelques dévots musulmans se l'imposent par suite d'un vœu ou par esprit de pénitence. L'odeur de la bouche qui jeûne, disait le prophète, est plus agréable à Dieu que celle du musc. Le jeûne le plus long est celui du *Ramadhan*, imposé aux fidèles pendant la durée du mois ainsi nommé; sévère en apparence, puisqu'on ne doit goûter d'aliments d'aucune espèce, depuis le lever jusqu'au coucher du soleil, il est réellement facile à éluder. Sous le climat de l'Asie, on peut dormir pendant la chaleur du jour, et aucun article du Koran n'interdit aux croyants de passer la nuit dans les plaisirs et la bonne chère. Le mois du Ramadhan est une espèce de carême, aboutissant aux fêtes du Baïram, qui rappellent la Pâque. Il a là une parodie de la discipline chrétienne, laquelle manque une explication raisonnable.

Le précepte de l'aumône est parfaitement d'ac cord avec l'hospitalité généreuse des ancien Arabes. On lit dans le Koran : « O croyant donnez aux pauvres une partie des biens qui vo ont été accordés par nous. Ceux qui répande leurs trésors dans le sentier de Dieu sont sem blables à la semence de froment qui, confi à la terre, produit sept épis, dont chacun don cent grains. Ceux qui ne font pas acheter leu bienfaits par des reproches trouveront leur r compense dans le Seigneur; ni la crainte ni l'a fliction ne descendront sur eux. L'homme q donne par ostentation ressemble à la colline co verte de poussière ; si l'eau du ciel vient à tomb il ne reste qu'un rocher stérile. Celui qui don pour plaire à Dieu ressemble au jardin planté s la pente adoucie d'un côteau ; les pluies l'arros et ses arbres portent une double récolte... Secc rez vos enfants, vos proches, les orphelins, pauvres, les pèlerins ; le bien que vous ferez s connu du Tout-Puissant. Faites l'aumône de jo faites-la de nuit, en public, en secret. Vous en serez récompensés des mains de l'Éternel, et vous resterez exempts des terreurs et des tourments. »

Ce précepte a été rarement négligé, même par les hommes qui n'avaient pas d'autre vertu. Mais la règle a été mise à la place du sentiment : la charité du musulman est un calcul personnel qui ne se rapporte qu'à son propre salut, et le même homme qui a scrupuleusement accompli les devoirs de cette charité ne s'en montre pas moins cruel et impitoyable envers ses semblables.

L'aumône est imposée dans une mesure déterminée. Le musulman est tenu de donner le cinquième de ses biens, si les moyens qu'il a employés pour les acquérir ne sont pas irréprochables; le dixième s'il est honnête homme. De plus, aux fêtes du Baïram, et dans les circonstances les plus solennelles de la vie, l'on doit distribuer aux pauvres une certaine quantité de froment, de raisins secs et de dattes. Quelques croyants ont pratiqué l'aumône d'une façon exceptionnelle : Hassan, fils d'Ali et petit-fils de Mahomet, partagea trois fois son bien entre les pauvres et lui, et deux fois leur donna tout ce qu'il avait. Omar disait : « La prière conduit à moitié chemin du paradis ; le jeûne, à ses portes ; l'aumône les ouvre. »

L'hospitalité envers les voyageurs, la fondation des caravansérails, les fontaines et les ombrages ménagés sur les routes, le droit qu'ont les pauvres sur la moisson et la vendange, appartiennent encore à l'aumône.

La dernière obligation des musulmans est le pèlerinage de La Mecque ; chaque croyant libre doit s'y soumettre au moins une fois dans sa vie. Car ce pèlerinage, dit Mahomet, a été accompli par Adam, Abraham et Ismaël ; Jésus le célébrera en personne, lorsqu'il descendra du ciel accompagné de soixante-dix mille bienheureux. Celui qui meurt sans s'être acquitté de ce devoir peut mourir, s'il le veut, juif ou chrétien. « Faites le pèlerinage de La Mecque, à moins que vous ne soyez cernés par vos ennemis, et, dans ce cas, envoyez du moins quelque offrande. Lorsque vous n'avez rien à craindre de l'attaque de vos ennemis, et que vous vous contentez cependant de faire une simple visite au temple sans vous soumettre à tous les rites du pèlerinage, vous devez expier cette infraction par une offrande : si vous ne possédez rien, trois jours de jeûne pendant le voyage, et sept jours de jeûne après le retour formeront l'expiation de votre faute. Cette même expiation est imposée à celui que sa famille n'accompagne pas au temple de La Mecque.... Prenez des provisions pour le voyage, et souvenez-vous que la meilleure de toutes les provisions, c'est la piété. »

Aujourd'hui encore, six caravanes se rendent chaque année à La Mecque; elles partent de Damas, de l'Égypte, des États Barbaresques, de la Perse, du Nedjed et de l'Yémen; des milliers de musulmans périssent en traversant les déserts, soit par le simoun, soit par la soif, soit par des maladies. Il y a des gens qui gagnent leur vie à entreprendre plusieurs fois le voyage de La Mecque aux frais et à l'intention de ceux qui ne peuvent s'en acquitter en personne.

Tels sont les commandements dictés par Mahomet à ses disciples. Le Koran contient en outre des recommandations morales, qu'une investigation patiente peut recueillir au milieu des détails minutieux dont il est rempli, mais qui ne semblent pas avoir jamais obligé sérieusement les musulmans. En voici quelques-unes : « Ne trompez personne, remplissez la mesure, pesez avec équit — Écartez la fraude de vos discussions et de vo marchés. — Ceux qui dévorent le bien d'autr se nourrissent d'un feu qui consumera leurs en trailles. — Dieu vous châtiera si vous manquez un engagement que vous aurez pris avec réflexion L'infraction au serment ne pourra être racheté qu'en donnant à dix pauvres ce qui est nécessai pour leur nourriture ou leur vêtement, ou bie encore en affranchissant un esclave. — Le fidè qui aime Dieu doit aussi aimer son prochain. Que l'avare ne considère pas les biens qu'il reço de Dieu comme une faveur, puisqu'ils causero son malheur s'il n'en fait pas un bon usage : l trésors qu'il caressait dans son avarice lui sero attachés au cou quand viendra le jour de la résu rection. — Si tu t'éloignes de l'indigent, parle-l du moins avec humanité, etc. » Les exhortatio au désintéressement, à l'humanité envers les d biteurs, au pardon des injures, sont empruntées la morale de l'Évangile.

Mahomet n'a point organisé de corps sacerd tal : il faisait lui-même la prière publique et prédication. Mais, après lui, on a distingué da les sociétés musulmanes une hiérarchie et une magistrature.

Celui qui préside à une assemblée de croyants en prière s'appelle *iman*.

Le *muezzin* annonce l'heure de la prière du haut des minarets.

Des docteurs, qui s'appliquent à commenter et à interpréter la loi, sont connus sous le nom d'*ulémas*. C'est au *mufti*, leur chef, que l'on adresse par écrit tous les doutes qui s'élèvent sur des cas spéciaux.

Les ministres des temples dépendent de l'autorité civile, qui peut les destituer. Ils ne portent aucune marque distinctive, et ne sont point affranchis des obligations imposées aux autres citoyens.

Le *cadi* est un officier qui donne à la loi son effet et son exécution. Ses décisions ont pour règle le Koran, les traditions et les bons commentaires sur ces livres. Il siége publiquement dans une mosquée, ne peut recevoir de présents, ni se rendre aux invitations particulières. Des musulmans supportèrent l'emprisonnement, plutôt que d'accepter cet office difficile et responsable, et le prophète lui-même a dit : « Celui qui est nommé cadi souffre la même torture qu'un animal dont on scierait la gorge, au lieu de la lui couper avec un couteau tranchant. »

Mahomet avait dit : *C'est une chose bonne que la pauvreté*. Certains musulmans sont partis de là pour chercher à obtenir le paradis par des jeûnes et des macérations. On vit paraître, dès les premiers temps, des solitaires appelés *derviches* chez les Perses et les Turcs, et *fakirs* chez les Arabes. « Dix qualités communes au chien, dit un écrivain oriental, doivent être le partage d'un derviche: avoir toujours faim, n'avoir point d'endroit fixe pour se coucher, être sans héritiers, ne point abandonner son maître, bien que maltraité par lui; veiller la nuit, se contenter du lieu le plus abject, céder sa place à qui la veut, revenir à celui qui l'a frappé, quand il lui présente un morceau de pain; se tenir à l'écart quand on lui donne à manger, ne pas songer à retourner à l'endroit d'où il est parti à la suite de son maître. »

Un autre a dit avec plus de justesse : « Que le bon musulman, avant d'entrer dans la retraite, songe qu'un solitaire sans doctrine est une maison sans porte, qu'un derviche sans piété est une maison sans lumière, que les biens des associations religieuses appartiennent aux pauvres, que le derviche avare est un voleur de grande route, qu'un solitaire gras est à comparer au pourceau. » Mahomet avait pourtant déclaré qu'il ne souffrirait pas de moines dans sa religion.

III.

Lois civiles : — Mariage, polygamie, divorce. — Infériorité de la femme. — Lois pénales. — Prescriptions hygiéniques. — Réflexions sur la valeur de la Religion mahométane. — Ses conséquences politiques.

Le Koran ne renferme pas seulement des dogmes religieux et des préceptes moraux ; on y trouve aussi un code civil et judiciaire, réglant les rapports des hommes entr'eux dans chacune des phases importantes de la vie.

Mahomet fait du mariage le plus auguste et le plus solennel des actes civils. « Le mariage, dit-il, est un des actes que j'ai pratiqués, et celui qui ne suit pas mon exemple n'est pas des miens. » Il détermine les degrés de parenté qui doivent interdire le mariage : « Il vous est défendu d'épouser vos mères, vos filles, vos sœurs, vos tantes, vos nièces, vos nourrices, vos sœurs de lait, vos belles-mères, les filles confiées à votre tutelle. Il vous est encore défendu d'épouser des femmes mariées, à l'exception des captives que le sort de la guerre a fait tomber entre vos mains. Celui qui n'a pas assez de fortune pour épouser une musulmane libre pourra épouser une esclave qui professe la foi musulmane, pourvu qu'il ait obtenu la permission du maître ; il la dotera convenablement. » Enfin, il condamne l'adultère. Les anciens Arabes punissaient ce crime en élevant autour des coupables une enceinte de murs où ils les laissaient périr : Mahomet prononça qu'à l'avenir la femme serait lapidée, et l'homme frappé de cent coups de fouet et banni.

Mais Mahomet fut, durant toute sa vie, dominé par ses passions, et ne put constituer régulièrement la famille. Il permit la polygamie, qui était en usage en Orient, et autorisa chaque musulman à épouser quatre femmes, à la condition de les bien traiter, et de répartir également son affection entr'elles. S'élevant lui-même au-dessus des lois qu'il donnait aux autres, il eut quinze épouses, et fit intervenir l'ange Gabriel pour autoriser de pareils déréglements : en sa qualité de prophète et de pontife, il s'arrogeait certaines prérogatives en dehors du droit commun.

Le divorce est permis. La femme, pour le demander, doit alléguer des motifs puissants, et elle perd sa dot, tandis que la raison la plus futile suffit au mari. Une femme divorcée ne peut être reprise par son mari qu'après avoir épousé un autre homme et divorcé de nouveau. Ainsi, le christianisme avait réhabilité et affranchi la femme, en ramenant l'unité et l'indissolubilité primitive du mariage : Mahomet la dégrade et l'asservit, en ramenant la polygamie et le divorce.

De tout temps, les peuples orientaux ont condamné les femmes à l'esclavage ; Mahomet consacre aussi leur infirmité. « Les hommes sont supérieurs aux femmes, dit le Koran ; car Dieu, en les dotant plus richement de ses dons, les a élevés au-dessus d'elles. Vous réprimanderez celles qui n'obéiront point à vos ordres, vous pourrez même les frapper. » Mahomet pense qu'une femme vaut la moitié d'un homme ; il déclare que les femmes formeront la majorité des damnés, et que la félicité de celles qui entreront au paradis ne sera pas aussi grande que celle des hommes. Dans le partage de l'héritage paternel, les fils prennent une part double de celle des filles.

C'est dans le Koran que les musulmans vont chercher les arrêts qu'ils prononcent contre les crimes ou délits.

Avant Mahomet, la naissance d'une fille était un malheur aux yeux des Arabes ; le père l'enterrait vivante. Mahomet parle éloquemment et fortement contre cet usage barbare, et ordonne, avec toute l'autorité d'un pontife, d'un moraliste, d'un législateur, de conserver tous les enfants nouveau-nés.

L'homicide volontaire doit être expié par la mort. On peut transiger pour le meurtre accidentel. « Pourquoi un croyant tuerait-il un autre croyant, si ce n'est involontairement ? Celui qui en tuera un sera tenu d'affranchir un esclave croyant, et de payer à la famille du mort le prix du sang fixé par la loi*, à moins qu'elle ne fasse convertir la somme en aumône. Celui qui ne trouvera pas d'esclave à racheter jeûnera deux mois de suite. »

Le suicide est proscrit à l'égal du meurtre.

Toute blessure ou mutilation faite à autrui entraîne la peine du talion, comme dans la loi de Moïse. « Nous avons fait descendre le Pentateuque pour diriger les hommes dans la voie véritable, et dans ce livre, nous avons dit : Ame pour âme, œil pour œil, dent pour dent, nez pour nez, oreille pour oreille; les blessures seront punies par la loi du talion. » C'est là une règle sauvage, une équité grossière.

Le vol est puni par la perte de la main. Commis sur un grand chemin, il entraîne de plus la perte du pied gauche.

Les délits moins graves sont châtiés par le fouet ou par le bâton.

On refuse la prière pour ceux qui sont morts sans laisser de quoi payer leurs dettes.

* Ce prix est de cent chameaux.

Tous les codes de l'Orient, ceux de l'Inde et de la Perse aussi bien que celui de Moïse, contiennent un certain nombre de prescriptions hygiéniques, que recommande la prudence sous le climat asiatique.

Ainsi, la circoncision, empruntée aux Juifs, était anciennement en usage chez les Arabes. Le Koran n'en fait pas un devoir; mais le prophète la conseilla souvent de vive voix.

Dans les pays chauds, certaines viandes sont contraires à la santé. Mahomet interdit la chair du porc, qui engendre des maladies de la peau; il défend aussi de manger du lièvre, des bêtes rampantes, des animaux étouffés, des coquillages. Les docteurs mahométans ajoutent les oiseaux de proie, l'âne, la mule, le cheval, tous les amphibies.

Les liqueurs fermentées et le vin sont prohibés; car l'ivresse a de bien plus terribles conséquences dans les régions méridionales que dans les pays froids : elle engendre des passions plus fortes, des violences, des meurtres. A la vérité, la défense de boire du vin n'a rien de rigoureux en Arabie; mais peut-être l'intention de Mahomet fut-elle par là d'attaquer dans sa base le sacrifice de l'Eucharistie.

C'est aux prescriptions du Koran que les premiers musulmans ont dû la tempérance et la frugalité qui leur ont conservé une constitution robuste et une santé à l'épreuve d'un climat énervant.

Après cet exposé rapide des doctrines du Koran, recherchons quelle peut être la valeur de la religion mahométane *.

Sous le rapport de sa théologie, l'islamisme est plus digne d'éloges que les autres religions fausses de l'Asie ou de l'Afrique; son principe est plus pur que tous ceux que la raison non inspirée a imaginés dans ces deux régions. Les systèmes populaires des anciens temps furent avilis par la multitude des dieux : l'Être-Suprême, tel que l'imaginait l'esprit de quelques hommes, n'était

* Les considérations qui suivent sont empruntées à l'*Histoire du Mahométisme* de C. Mills, et à l'*Histoire universelle* de C. Cantu.

qu'une abstraction métaphysique ou l'impulsion du destin ; ce n'était point un Dieu, comme celui des musulmans, possédant l'omniscience, la liberté et la toute-puissance. La foule adorait ou des divinités déréglées et criminelles, ou les forces personnifiées de la nature, ou les principes du bien et du mal. Dans les différents cultes, la fourberie des prêtres exerçait un empire effrayant. C'est une circonstance qui fait honneur à la religion de Mahomet, que, quoiqu'elle ait des ministres pour célébrer les cérémonies, elle ne soit point cependant en proie à des hommes qui, comme les brahmines de l'Inde et les mages de la Perse, dirigeaient les consciences au profit de leurs passions.

Au contraire, comparée au christianisme, la théologie musulmane ne supporte pas l'examen. Dieu et l'homme sont posés en face l'un de l'autre, sans médiateur, sans ces rapports qui conduisent de l'humble créature jusqu'au Créateur, sans hiérarchie ni dans le ciel ni sur la terre. La foi des mahométans sépare entièrement Dieu de son œuvre, ne le fait connaître ni en lui-même ni dans ses relations avec la création, et le relègue au fond des ténèbres inexplorables de son unité absolue.

Mahomet ayant eu la sagesse d'enseigner l'unité de Dieu, on s'étonne de tant de folie dans le reste de sa théologie. Il eut la présomption de vouloir, par son système des anges et des génies, indiquer les voies de la Providence; c'est un problème insoluble, que l'orgueil humain peut seul essayer de trancher.

Son paradis des voluptés offense le bon sens. Toutefois, les reproches s'adouciront peut-être à la réflexion qu'il comporte la grande idée de la responsabilité de l'homme, et qu'on n'y est admis que par la pratique de la morale. Mais c'est un étrange moyen de porter les hommes à régler leurs passions en ce monde, que de leur en promettre l'entier assouvissement dans l'autre.

La morale du Koran n'est pas sérieusement obligatoire. Quelle puissance peuvent avoir les conseils de douceur et de modération, disséminés çà et là dans l'ensemble d'une doctrine qui excite les passions ou en fomente les effets? S'ils apportèrent une amélioration momentanée parmi les compatriotes de Mahomet, ceux-ci ne tardèrent pas à reprendre leur ancienne manièr d'existence. L'Arabe d'aujourd'hui vit libre ignorant et pauvre, comme avant le prophète faisant paître ses troupeaux, ou inquiétant pa ses brigandages les habitants de la Palestin et de la Syrie. S'abstenir du vin dans un pay qui n'en produit pas, jeûner des journées en tières sous un ciel de feu qui obligeait à le passer dans le sommeil, étaient des privation illusoires.

Que devient la famille avec l'islamisme? L sainteté des affections domestiques est profané par la polygamie et par la facilité du divorce La tendresse maternelle est distraite, étouffé par la jalousie et la rivalité d'épouse ; les enfant trouvent à leur berceau les haines et les rancune des mères : de là les drames incessants, dont l dénoûment naturel est l'assassinat dès qu'il de vient possible.

Au point de vue politique, la religion d Mahomet a éternisé le despotisme au profit d chefs qui exercent, en vertu de la volonté divine un pouvoir sans frein. La rébellion, dit le Koran est pire que les supplices. L'autorité des succes seurs du prophète resta absolue, comme elle l'est d'ordinaire dans un gouvernement patriarcal; imans et princes à la fois, ils interprétèrent la loi, et purent couvrir l'injustice du manteau de la religion. Sous les gouvernements issus de l'islamisme, les degrés de la vie publique et de la vie privée se réduisent à deux, le tyran et l'esclave; ce qui étouffe de grandes vertus et suscite de petites passions. Il faut que le mensonge et la ruse luttent contre l'injustice et l'oppression. La justice est toujours mal administrée dans une société où la force est privilégiée, où la vengeance et d'autres passions mauvaises sont inévitablement mises en action. Veut-on connaître les dernières conséquences de l'islamisme en politique? Il suffit de consulter l'histoire des souverains ottomans. Leur loi fut l'atroce raison d'état, qui rend les consciences esclaves du glaive, qui égorge rivaux, fils, frères, pour la sûreté du premier-né; qui envoie l'ordre de se tuer à ceux dont on prend ombrage, qui sacrifie la justice au bien public identifié avec le caprice du monarque, et qui a tracé ces mots dans les constitutions du sultan Mahomet II : « La plus grande partie des légistes a déclaré permis à tous mes fils, à tous mes descendants appelés à gouverner, de faire mourir leurs frères pour la tranquillité du monde. Qu'ils fassent donc ainsi. »

CHAPITRE IV.

LES PREMIERS KHALIFES.

I.

Troubles à la mort de Mahomet. — 632-634. Abou-Bekr, premier khalife. — Sunnites et Schiites. — Révolte de Moseïlama. — Appel à la guerre sainte. — Causes des succès militaires des Arabes.

MAHOMET n'avait attaché aucune idée politique à sa religion. Il n'avait point anéanti la liberté du désert; il n'avait institué ni sénat aristocratique, ni pouvoir héréditaire dans sa famille ou dans aucune autre. La liberté de tous, la volonté individuelle avaient été suspendues par la puissance de l'inspiration. On avait cru obéir en lui à la voix de Dieu, et non à aucun pouvoir humain; et, lorsqu'il mourut, aucune organisation n'était donnée à l'empire des croyants, aucune main ne semblait prête pour recueillir l'héritage du prophète.

Trois hommes étaient en position de prétendre au commandement, Omar, Abou-Bekr et Ali. « Si Dieu, avait dit Mahomet, voulait donner à la terre un nouveau prophète, il n'en choisirait pas d'autre qu'Omar. » Ali avait épousé Fatime, fille unique de Mahomet, et celui-ci l'avait déclaré son lieutenant dans un temps où ce titre donnait plus de dangers que de gloire. Le crédit d'Aïescha, la plus chérie des femmes de l'apôtre, fit porter les suffrages sur son père Abou-Bekr : Mahomet l'ayant désigné avant de mourir pour réciter la prière au peuple en sa place, on regarda cette injonction du prophète comme la preuve qu'il lui transmettait son autorité. Amrou, qui avait d'abord penché pour Omar, prêta serment d'obéissance à Abou-Bekr; tous les cheikhs tendirent la main droite à leur nouveau chef, cérémonie d'inauguration à laquelle fut substituée plus tard celle de ceindre l'épée à deux tranchants. Omar lui-même se rendit de bonne grâce; s'étant chargé de lever la résistance d'Ali, il ne trouva pas de meilleur moyen que la menace de mettre le feu à sa maison. « Eh quoi! lui dit Fatime, oseriez-vous incendier la maison de la fille du prophète? — Oui, certes, je le ferai, répondit Omar, si vous ne vous rendez aux vœux de la multitude. » Ali se soumit. Abou-Bekr prit le titre de *khalife*, qui veut dire *vicaire* du prophète.

L'exclusion d'Ali a produit un schisme éternel dans l'islamisme. Les musulmans qui reconnaissent comme légitimes les trois premiers khalifes, Abou-Bekr, Omar et Othman, sont désignés sous le nom de *sunnites* ou *traditionnaires;* ils admettent en même temps l'enchaînement de la tradition qui développe le Koran et complète la vie du prophète. Ce sont tous les occidentaux, Turcs, Maures, Africains, Syriens; ils portent le turban blanc ou noir. Ceux qui rejettent les premiers khalifes et ne reconnaissent qu'Ali s'appellent *schiites* ou *divisés;* ce sont les Persans. Ils s'attachent à la lettre du Koran, répudient l'autorité et les commentaires des docteurs, ainsi que la tradition des miracles de Mahomet, et adoptent pour insignes le turban vert. La haine qui divise ces deux sectes est plus violente que celle qui les anime l'une et l'autre contre les chrétiens : un article de la *Sunna* porte qu'il est plus agréable à Dieu de tuer un schiite que trente-six chrétiens.

Abou-Bekr, dès le début de son administration, trouva de graves difficultés à surmonter. L'amour de l'ancienne indépendance se réveillait chez les Arabes ; les chefs de tribu aspiraient à rétablir leur autorité étouffée par l'ascendant de Mahomet ; bon nombre de musulmans repoussaient l'abstinence du vin, le jeûne du Rhamadhan, les cinq prières par jour et les dîmes ; les Koréischites songeaient enfin à relever les idoles de la Kaaba. Un nouveau prophète apparaissait ; c'était Moséïlama, qui naguère, fanatisant une partie de l'Yémen, avait écrit à Mahomet : « Moséïlama, apôtre de Dieu, à Mahomet, autre apôtre de Dieu. Qu'une moitié de la terre soit à toi, l'autre à moi. » Le khalife rassembla quarante mille hommes, dont le commandement fut confié à Khaled. Ce guerrier, que de nombreux exploits désignaient déjà comme l'un des plus braves défenseurs de l'islamisme, attaqua vigoureusement les rebelles, et en tua dix mille ; Moséïlama fut mortellement frappé dans sa fuite. Abou-Bekr, qui n'avait conservé que La Mecque, Médine et Taïef, recouvra l'empire de toute l'Arabie.

Pour calmer l'agitation intérieure, il voulut reprendre les projets de conquête de Mahomet sur la Syrie. Il adressa cette lettre aux Arabes pour les appeler à la guerre sainte :

« Au nom de Dieu miséricordieux, salut aux vrais croyants, et que la bénédiction soit sur vous.

« Je vous annonce que j'ai dessein d'envoyer les fidèles en Syrie, et que combattre pour la religion est un acte d'obéissance à la volonté de Dieu. »

Cent vingt-quatre mille hommes répondirent à cet appel. Abou-Bekr forma deux armées, qu'il remit à Abou-Obéïdah et à Khaled. Les instructions qu'il leur donna en prenant congé d'eux nous ont été conservées ; elles donnent une idée de l'esprit qui animait les premiers musulmans.

« Rappelez-vous, leur disait-il, que vous êtes toujours en la présence de Dieu, à l'article de la mort, dans l'attente du jugement et l'espérance du paradis. Evitez donc l'injustice et l'oppression ;

délibérez avec vos frères ; conservez l'amour et la confiance de vos troupes. Dans les batailles, comportez-vous pour la gloire de Dieu comme il convient à des hommes et sans tourner le dos. Si vous êtes vainqueurs, épargnez les femmes, les vieillards et les enfants; ne détruisez point les palmiers, ne brûlez pas les champs de blé, ne coupez aucun arbre à fruit, ne faites de mal au bétail que pour vous nourrir. Avant de faire la guerre aux peuples, invitez-les à embrasser la vraie foi; si vous faites des traités, ne les violez pas. En avançant dans le pays ennemi, vous rencontrerez des hommes pieux qui vivent retirés dans des monastères pour servir Dieu; ne les tuez point, ne détruisez point leurs asiles. Vous en trouverez d'autres qui appartiennent aux synagogues de Satan, et qui ont le sommet de la tête rasé en couronne; à ceux-là fendez-leur le crâne sans pitié, à moins qu'ils ne veuillent devenir musulmans ou payer tribut. »

Abou-Bekr établit en outre que la cinquième partie du butin serait réservée pour les veuves et les orphelins.

Avant de suivre l'histoire des khalifes, dont

la vie fut illustrée par des conquêtes d'une rapidité sans exemple, examinons à quelles causes il faut attribuer les succès de leurs armes.

La remarque de Machiavel, « qu'aucun homme ne peut se faire prince et fonder un état sans occasions favorables, » ne s'est jamais réalisée plus complètement qu'à l'égard de Mahomet et des khalifés. L'Asie était partagée au septième siècle entre deux puissances, les Sassanides de la Perse et les empereurs de Constantinople. Depuis plus de cent ans, des animosités violentes avaient poussé ces puissances l'une contre l'autre, et elles s'étaient épuisées par des combats multipliés. Chez les Perses, les discordes civiles et la corruption des mœurs avaient favorisé le despotisme : depuis la mort de Chosroës II, une foule d'ambitieux s'étaient disputé le trône, et l'on n'avait mis un terme à l'anarchie qu'en proclamant d'un commun accord un enfant de quinze ans, Yesdegerd III. A Constantinople, Héraclius, à peine sorti de ses brillantes campagnes en Arménie et sur les bords du Tigre, était tombé dans une coupable indolence, et semblait indifférent aux périls qui menaçaient ses sujets. L'esprit militaire était affaibli, les armées composées de mercenaires, les forteresses démantelées, les provinces livrées presque sans défense aux invasions. Le peuple s'était abâtardi au milieu de misérables controverses; écrasé d'impôts, il pouvait accepter comme un bienfait toute révolution qui l'arracherait à ses tyrans. Le gouvernement, sans force pour le présent, sans prévision et sans ressources pour l'avenir, flottait au gré des intrigues et des factions; il avait payé tribut aux Huns, aux Awares, aux Bulgares.

Ni les Perses ni les Grecs ne pouvaient opposer une résistance sérieuse aux Arabes. Ces tribus, sobres, vigoureuses, endurcies aux fatigues, animées de l'esprit belliqueux, méprisaient le repos, les dangers et la mort. Ne possédant aucun des instruments de la guerre savante, maniant leurs armes avec plus d'habileté que d'art, les guerriers du désert se présentaient au combat demi-nus; ils n'en mirent pas moins en fuite des armées innombrables, bardées de fer, équipées de redoutables machines, soit pour la défense, soit pour l'attaque. Fiers de n'avoir jamais été soumis, ils se croyaient, dans la ferveur de leur foi nouvelle, appelés à faire régner sur la terre le culte du

Dieu unique, prescrit par son envoyé Mahomet.

Une autre cause des succès des Arabes fut l'ardeur de prosélytisme que leur prophète leur inspira. La Bible raconte qu'au moment où Agar mourait de faim et de soif avec son enfant dans le désert, un ange du Seigneur lui dit : « Cet enfant sera un homme terrible ; il lèvera la main contre tous, et tous lèveront la main contre lui ; il dressera ses tentes vis-à-vis de tous ses frères. » Afin que cette prédiction fût réalisée, Mahomet éveilla dans ses compatriotes l'esprit de conquête. Selon les traditions arabes, Abraham, ayant construit le temple de la Kaaba, gravit la montagne voisine, et appela à son Dieu toutes les nations de la terre. D'une voix puissante il cria : « O peuples ! venez à votre Dieu ! » et il entendit un immense murmure, un bruit terrible s'élevant de la terre : c'étaient les nations qui, répondant à son appel, saluaient le Seigneur. Cet appel au monde entier, cette convocation de tous les peuples à l'islamisme, Mahomet la renouvela. En ceci, la religion musulmane se distingue du judaïsme. L'esprit de prosélytisme n'anima point en effet les anciens Hébreux. Peuple avare et jaloux, ils cachent à tous les yeux leur précieux trésor, dogme de l'unité divine. Entre eux et l'étang point d'alliance ; ils sont la race choisie de Dieu séparée du reste des nations, pour conserver révélation primitive. Quand le Messie est ve soumettre le monde à la loi de Jéhovah, ils l'c bafoué, flagellé, crucifié. Ils méconnurent cel qu'ils attendaient; mais ses paroles avaient entendues et comprises. Son Evangile portait écri ces mots : « Allez, et baptisez les nations; » et conquête du monde spirituel commença. Comm le Christ, Mahomet dit aux siens : « Allez, conve tissez. » Mais il les arme de la terreur du glai plutôt que de la parole. C'est un prosélytism guerrier. Le paradis, disait-il, est sous l'omb des épées *. Les Arabes n'ont point à redoute d'obstacles ; car le Koran leur assure que, si ving d'entre eux persévèrent, deux cents de leur ennemis seront vaincus ; que si cent de leur guerriers sont inébranlables, mille ne pourron leur résister.

Mahomet commande la *guerre sainte*. La propa

---

* Duruy, *Études sur l'Islamisme*.

gation d'une foi que l'on croit juste, le bonheur de l'étendre par les armes, la justification de l'emploi de la force pour un motif supérieur, voilà ce qui a transporté les âmes des musulmans. « Armez-vous contre les païens, dit le Koran; combattez tous ceux qui ne croient ni en Dieu, ni au jugement dernier. Tuez-les quelque part que vous les trouviez. — Jeunes et vieux, marchez à la guerre; vie et richesses, sacrifiez tout à la défense de la loi. — Que les fidèles qui restent chez eux sans nécessité ne soient pas traités à l'égal de ceux qui défendent la religion. Croyez-vous que celui qui porte de l'eau aux pèlerins ou visite les lieux saints ait un mérite égal à celui qui soutient la foi par les armes? » Aujourd'hui encore, c'est au nom de la guerre sainte qu'on peut rassembler et enthousiasmer des musulmans; c'est au nom de la guerre sainte qu'ils peuvent être partiellement formidables, et montrer une grandeur qui arrache l'admiration de leurs adversaires.

On doit encore attribuer la facilité de la conquête musulmane au système de conduite que les premiers Arabes adoptèrent à l'égard des autres peuples. Ils faisaient toujours précéder la guerre par une sommation dans laquelle ils laissaient à leurs ennemis le triple choix, ou de se convertir, et de partager alors les honneurs, les priviléges, les jouissances des musulmans; ou de se soumettre en consentant à payer un tribut, ou de périr en défendant leur religion et leur indépendance. Les sujets de Constantinople acceptèrent sans regret la domination arabe, qui leur assurait la paix, la liberté de conscience et une forte protection. « Les peuples, dit Montesquieu, au lieu de cette suite continuelle de vexations que l'avarice subtile des empereurs avait imaginée, se virent soumis à un tribut simple, payé aisément, reçu de même, plus heureux d'obéir à une nation barbare qu'à un gouvernement corrompu, dans lequel ils souffraient tous les inconvénients d'une liberté qu'ils n'avaient plus, avec toutes les horreurs d'une servitude présente. » Les conversions mêmes furent nombreuses; une simple profession de foi, partie du cœur ou des lèvres, devait coûter fort peu à cette société byzantine que tant d'hérésies avaient infectée et pervertie, surtout quand la religion de Mahomet n'exigeait de ses nouveaux adeptes ni instruction préparatoire, ni épreuves ni efforts de vertu, ni abdication de la raison.

Toutefois, il faut ajouter que la tolérance musulmane n'eut qu'un temps : les Arabes changèrent de langage à mesure que leurs forces augmentèrent. On laissa aux vaincus le libre exercice de leur culte ; mais on le leur fit bientôt acheter au prix de toutes les humiliations. Si le musulman ne trancha pas la tête de son prisonnier en l'honneur du prophète, il le lia à la queue de son cheval jusqu'à ce qu'il se fût résigné à l'esclavage. De nos jours, après tant de siècles écoulés, quand les victoires et le commerce ont mêlé les nations, quand le zèle des musulmans s'est attiédi, quand la civilisation européenne s'est introduite chez eux, on distingue encore les populations; il est enjoint aux chrétiens de porter un costume particulier; défense à eux de monter des chevaux et des mulets; ils doivent aller assis sur des ânes à la manière des femmes; ils sont exclus des emplois supérieurs et des priviléges de l'état; on les contraint, soit de descendre de leur monture en présence des musulmans, soit de mettre sur leurs maisons des marques particulières, afin que les vrais croyants ne soient pas exposés à faire des vœux pour la prospérité de ceux qui habitent ces maisons; on empêche la reconstruction des églises, et, malgré l'accroissement de la population, on borne le nombre des lieux de la prière à celui qui fut constaté lors de la conquête. Dans les villes les plus éclairées, l'insulte de *chien de chrétien* vous poursuit à chaque pas; vous courez risque de la vie, si vous osez entrer dans Damas. Voilà ce qu'est devenue la tolérance parmi les sectateurs de Mahomet.

Enfin, la conquête arabe s'explique par les biens que donne ou promet le prophète à ceux qui font la guerre sainte. Mahomet ne s'est pas proposé de combattre les passions humaines; il les a encouragées, il les a exaltées: il s'est adressé de préférence à ce qu'il y a de plus puissant parmi elles, au sentiment de l'orgueil et à celui de la volupté. Il offre la gloire aux grands et aux braves, le pillage aux pauvres, des délices sans fin aux hommes sensuels. On gagnait tout sur la terre à se faire mahométan; comment s'étonner que le prophète ait été obéi? L'enthousiasme religieux fut entretenu par la perspective des joies du paradis. « Le glaive, dit le Koran, est la clef du ciel et de l'enfer. Une

Simplicité du Khalife Omar.

goutte de sang versé pour la cause de Dieu, une nuit passée sous les armes seront plus méritoires que deux mois de jeûnes et de prières. Celui qui meurt en combattant reçoit le pardon de ses péchés. Au jour du jugement, ses blessures brilleront des couleurs du vermillon, et répandront l'odeur du musc et de l'ambre; les membres qu'il aura perdus seront remplacés par des ailes d'anges et de chérubins. »

II.

632. Invasion des Arabes en Syrie et en Babylonie. — Prise de Bosra. — 633. Bataille d'Aiznadin. — 634. Reddition de Damas. — Mort d'Abou-Bekr. — 634-644. Omar, deuxième khalife. — Suite des conquêtes en Syrie. — 636. Bataille de l'Yermouck. — 637. Prise de Jérusalem. 638. Soumission de la Palestine et de la Phénicie.

La guerre déclarée par Abou-Bekr à ses voisins avait pour prétextes la conversion des Arabes chrétiens et la vengeance du meurtre d'un député que le gouverneur de Bostra avait fait périr. L'attaque fut dirigée sur deux points. Khaled s'empara d'Ambar et de Hira, sur les bords de l'Euphrate, et imposa un tribut annuel de 70,000 pièces d'or aux Arabes qui habitaient ces deux villes La Babylonie changea alors son nom en celu d'Irak-Arabi.

En même temps, Abou-Obéïdah pénétrait en Syrie. Sergius, gouverneur de Césarée au nom de l'empereur Héraclius, se laissa surprendre dans les environs de Gaza; les Arabes l'enfermèrent tout vif dans une peau de chameau fraîchement écorché; cette peau, se rétrécissant à mesure qu'elle se desséchait, lui fit endurer la mort la plus horrible. Abou-Obéïdah, renforcé par l'armée de Khaled et par un corps de troupes qui lui avait amené Amrou, entreprit ensuite le siége de Bosra. « Il faut vous faire musulmans, disait Khaled aux Grecs, ou passer sous le tranchant de nos épées. » Mais la place fut livrée par le gouverneur Romanus, qui se convertit à l'islamisme.

Les Arabes se portèrent aussitôt contre Damas que défendait Thomas, gendre d'Héraclius. Leurs historiens attribuent les plus merveilleux exploits à un guerrier nommé Dhérar. « Tantôt Dhérar est poursuivi par trente cavaliers des plus braves de l'armée grecque, laisse leurs chevaux se distancer l'un l'autre, puis revient sur eux, en abat dix-sept d'autant de coups de lance, et met les autres en fuite. Une autre fois, il tombe dans une embuscade, et est mené prisonnier à Antioche. On le conduit en présence de Constantin, fils de l'empereur; on veut qu'il se prosterne; il refuse. Une dispute théologique s'élève entre le prince et lui. Dhérar triomphe par ses arguments; mais on y répond à coups de sabre : il en reçoit quatorze, et aucun d'eux n'est mortel. Sauvé par un chrétien qui s'est fait musulman, il regagne le camp d'Abou-Obéïdah, où sa sœur Koula pleurait le frère qu'elle croyait ne plus revoir. Le lendemain, on rencontre l'ennemi; Dhérar fond sur les Grecs; à chaque coup de sabre il en abat un, et s'écrie : *Vengeance de Dhérar!* Seul il rompt, il disperse les bataillons. Un seul musulman ose le suivre à travers l'armée ennemie; celui-là aussi frappe de son cimeterre, et les armures volent en éclats. Bientôt il est sur la même ligne que Dhérar, le devance, et celui-ci l'entend qui s'écrie, à chaque coup qu'il frappe : *Vengeance de Dhérar!* Curieux de savoir quel est le guerrier qui l'aide si bien dans sa vengeance, le chef arabe redouble de vitesse, atteint son émule, et reconnaît sa sœur *. »

Héraclius envoya au secours de Damas l'un de ses frères, nommé Théodore; ce prince fut défait par Dhérar, près de Gabetha. Une autre armée grecque accourut sous les ordres de Vahan : les Arabes levèrent le siége, et Khaled écrivit à Amrou, qui était alors dans l'Irak : « Viens nous rejoindre à Aiznadin, où soixante mille infidèles veulent éteindre avec leur bouche la lumière du Seigneur. » Avant la bataille, il rejeta les propositions de paix des ennemis. « Point de paix, leur dit-il, que vous ne deveniez tributaires ou mahométans. Vos grandes armées ne nous effraient point. Le prophète nous promet la victoire, et nous méprisons les habits, les turbans et les trésors que vous nous offrez. Nous aimons mieux la guerre que la paix, et si vous faites peu de cas de nous, nous ne vous estimons pas plus que des chiens. » Ensuite, parcourant à cheval les rangs de ses soldats : « Vous voyez toutes les forces des Romains. Point d'espoir d'chapper; mais, vain-

---

* N. Desvergers, *Histoire de l'Arabie.*

queurs, la Syrie est à vous. Combattez donc avec ardeur; défendez la religion. Ne fuyez pas, ou vous êtes damnés. » Les Arabes se précipitèrent sur l'ennemi en criant : *A la mort! Au paradis!* L'armée de Vahan, aveuglée par la poussière que soulevait un vent violent du midi, fut taillée en pièces (13 juillet 633); elle laissa cinquante mille hommes sur la place; les musulmans n'en perdirent que quatre cent soixante-dix.

Après l'affaire d'Aiznadin, les vainqueurs revinrent sur Damas. Au bout de soixante-dix jours, les assiégés, dont trois sorties avaient été repoussées avec perte, demandèrent à capituler : Abou-Obéïdah leur accorda la vie sauve, la libre disposition de leurs biens et la permission de conserver sept églises pour la célébration de leur culte. Pendant ce temps, le traître Josias livrait une des portes à Khaled : ce général, à qui il semblait que c'était subir une défaite que de vaincre à moitié, passa au fil de l'épée tous ceux qu'il rencontra, et son collègue dut en appeler à Dieu et au prophète pour faire respecter la capitulation. Vingt mille Damascènes, qui ne voulaient ni se convertir ni payer tribut, reçurent trois jours pour s'éloigner;

à l'expiration de ce délai, Khaled se mit à leur poursuite, les atteignit en Asie-Mineure, et les extermina. Héraclius, apprenant la déroute de ses troupes, s'écria : *Adieu la Syrie!*

Abou-Bekr mourut, en 634, sans avoir eu connaissance de la prise de Damas : les uns prétendent qu'il fut empoisonné par des Juifs; les autres attribuent sa mort à un bain qu'il aurait pris par un froid très-vif. Il s'était toujours distingué par sa piété, sa justice et son humble simplicité; trois pièces d'or par semaine lui avaient suffi pour l'entretien de sa maison, et il trouvait encore le moyen de faire, tous les vendredis, d'abondantes aumônes. Son héritage se composa d'un habit, d'un chameau, d'un esclave et de cinq pièces d'or. Ainsi furent justifiées ces paroles de Mahomet : « Il n'y a pas, dans tout mon peuple, un homme plus charitable qu'Abou-Bekr. » C'est à lui encore que le prophète réservait la gloire de ressusciter le premier au jour de la résurrection.

Lorsqu'il s'était senti près d'expirer, Abou-Bekr avait désigné Omar pour faire la prière aux fidèles. « Je ne désire pas cette place, dit celui-ci. — Mais la place a besoin de toi, » répondit le mourant. Omar fut proclamé khalife à Médine, sans aucune opposition, et prit le premier le titre d'*émir-al-moumenim* ou *prince des fidèles*, dont les écrivains occidentaux ont fait le nom bizarre de *miramolin*.

Omar est fameux par la simplicité de ses mœurs. On raconte ce trait caractéristique. « Omar avait reçu des toiles rayées de l'Yémen; il les distribua entre les musulmans : chacun en eut pour sa part une pièce, et Omar fut partagé comme les autres. Il s'en fit faire un habit; puis, revêtu de cet habit, il monta en chaire, et harangua les musulmans pour les exhorter à faire la guerre aux infidèles. Un homme de l'assemblée, se levant, l'interrompit et lui dit : « Nous ne t'obéirons pas. — Pourquoi cela? lui demanda Omar. — Parce que, répondit cet homme, lorsque tu as partagé entre les musulmans ces toiles de l'Yémen, chacun en a eu une pièce, et tu en as eu de même pour toi une seule pièce. Cela ne peut suffire pour te faire un habit, et cependant nous voyons que tu en as aujourd'hui un habit complet. Tu es d'une grande taille, et si tu n'avais pris pour toi une part plus considérable que celle que tu nous as donnée, tu n'aurais pas pu en avoir une robe. » Omar se re tourna vers son fils Abdallah, et lui dit : « Abdallal réponds à cet homme. » Abdallah, se levant, d alors : « Lorsque le prince des croyonts, Omar, voulu se faire faire un habit de sa pièce de toile elle s'est trouvée insuffisante. En conséquence, lui ai donné une partie de la mienne pour com pléter son habit. — A la bonne heure, lui dit c homme; à présent, nous t'obéirons*. »

Le nouveau khalife ne se nourrissait que d pain d'orge, de dattes et d'eau. La robe ave laquelle il prêchait au peuple était rapiécée c douze endroits. Un jour, un satrape de Perse, q venait lui rendre hommage, le trouva étendu a milieu des mendiants sur les degrés de la mosque de Médine. Les historiens grecs n'ont point igno les vertus d'Omar ; ils nous en font connaître plu sieurs exemples :

Comme il venait de donner 6,000 drachmes un mendiant, un de ses amis lui reprocha d'aim plus les étrangers que son propre fils. Omar r pondit : « Mon fils a un père qui le nourri

* *Chrestomathie arabe* de M. de Sacy.

l'habille, lui prépare le nécessaire; cet étranger ne possède rien au monde que la compassion. »

On lui demandait pourquoi il ne s'habillait pas comme les princes qu'il avait subjugués. « Ils recherchent les biens de ce monde, répondit-il, et moi la faveur de celui qui est le maître de ce monde et de l'avenir. »

Héraclius demandait un jour à un prisonnier : « Pourquoi Omar est-il vêtu si mesquinement, après avoir volé tant de richesses aux chrétiens? — Parce qu'il pense à l'autre vie et qu'il craint Dieu. — Quel palais habite le khalife? — Il est de terre. — Quels serviteurs forment sa cour? — Des pauvres et des mendiants. — Quel est son trône? — La modération et la connaissance de la vérité. »

Le jour de son élection, Omar dit, du haut de la chaire de Médine : « O vous qui m'écoutez! sachez bien qu'il n'y aura jamais d'homme plus puissant à mes yeux que le plus faible d'entre vous, lorsqu'il aura pour lui la justice, et que jamais homme ne me paraîtra plus faible que le plus puissant parmi vous, s'il élève des prétentions injustes. » Il se conforma toute sa vie à cette règle de conduite. Il fut le type du vrai croyant par son éloignement pour le luxe et pour toute culture intellectuelle, défendit l'usage de toute autre langue que l'arabe, rendit un compte exact des trésors que la conquête accumulait dans ses mains, et accomplit la volonté du prophète en purgeant l'Arabie de la présence des Juifs.

La conquête de la Syrie fut continuée par l'ordre d'Omar; seulement le khalife, dont l'équité était inaltérable, malgré la violence de son caractère, disgracia Khaled, à cause de son esprit intraitable et de ses actes de cruauté. « Je sais, dit ce général, qu'Omar ne m'aime pas; mais il est mon maître, je me soumets à ses ordres. Mon zèle n'en souffrira point. Quand il voudra m'employer, je donnerai à notre sainte cause toutes les preuves possibles d'ardeur et de dévouement. » On le vit descendre, sans murmurer, aux emplois subalternes, qu'il était certain d'illustrer par sa bravoure enthousiaste, et il adressa ces paroles à Abou-Obéïdah : « J'obéirais à un enfant, si le khalife lui avait donné le commandement de l'armée; et à vous, Abou-Obéïdah, je vous dois obéissance et respect; car vous m'ave précédé dans votre conversion à l'islamisme. »

La plupart des villes de Syrie, Kenesrin, Laodicée, Héliopolis, Emèse, tombèrent au pouvoir des Arabes. Khaled, que l'on croyait invulnérable, parce qu'il portait par dévotion une tunique de Mahomet, faisait des prodiges comme simple soldat. Un jour, son épée s'étant rompue sur l'armure d'un cavalier grec, il saisit son adversaire dans ses bras, l'étouffa dans cette étreinte désespérée, et le rejeta mort sur le sable. Omar ne put s'empêcher de dire : « Khaled était digne du commandement; certes, Abou-Bekr savait mieux que moi reconnaître la valeur des hommes. »

Cependant, Héraclius résolut de tenter le plus grand effort dont l'empire grec fût capable. Il confia au patrice Manuel une armée de quatre-vingt mille combattants, auxquels il faut ajouter soixante mille Arabes chrétiens; l'empereur comptait beaucoup sur ces auxiliaires, parce que *rien ne coupe mieux le diamant que le diamant lui-même.* Abou-Obéïdah jugea cet armement si formidable, qu'il sortit de la vallée de l'Oronte, et alla prendre position en Palestine, à peu de distance du lac de Tibériade, sur les bords de l'Yermouck; huit mille hommes, envoyés par le khalife, l'y rejoignirent. Il eut assez de grandeur d'âme pour abandonner le commandement à Khaled, se réservant de rester à l'arrière-garde, pour s'opposer à ce qu'aucun musulman ne prît la fuite. Avant de combattre, Manuel offrit la paix; pendant les conférences qu'il eut avec les généraux ennemis il vit avec surprise les musulmans s'asseoir sur la terre, et refuser les siéges qu'on leur offrait. « D'où vient votre étonnement? dit Khaled. Ce gazon émaillé de fleurs est le siége que Dieu nous a donné, et surpasse en richesse les trônes les plus magnifiques des chrétiens. » L'officier grec n'ayant pu faire reconnaître l'inviolabilité du territoire de l'empire, engagea la bataille (novembre 636). Le premier jour, la cavalerie musulmane fut rompue; il fallut que les femmes, frappant les fuyards au visage avec les piquets qui servent à dresser les tentes, les contraignissent, par les coups et les injures, à ne point abandonner la place. Le lendemain, l'action resta indécise; enfin, le troisième jour, l'armée chrétienne fut taillée en pièces. Les musulmans tuèrent cent mille hommes et n'en perdirent que cinq mille. Manuel fut pris, conduit à Damas, et mis à mort.

Omar, au lieu d'ordonner à Abou-Obéïdah de reprendre la route de Syrie, le chargea d'assiéger Jérusalem. Ce général se fit précéder de la sommation ordinaire : « Salut et bonheur à ceux qui suivent le droit chemin. Nous vous ordonnons de déclarer qu'il n'y a qu'un Dieu, et que Mahomet est son prophète ; sinon, payez tribut, et devenez nos sujets. Autrement, je conduirai contre vous des hommes qui trouvent plus de plaisir dans la mort que vous n'en avez à boire du vin et à manger du porc. Je ne m'éloignerai qu'après avoir anéanti ceux d'entre vous qui combattent, et réduit vos enfants en esclavage. » Vainement le patriarche Sophronius s'efforça de détourner les armes des musulmans, en les conjurant d'épargner une ville sacrée. « C'est parce qu'elle est sacrée, dit Khaled, c'est parce qu'elle est le tombeau des prophètes, que nous sommes plus dignes de la posséder. »

Les habitants de Jérusalem, encouragés par le patriarche, firent une résistance opiniâtre durant quatre mois. La famine et les maladies les ayan obligés de se rendre, ils exigèrent que le khalif vînt en personne ratifier la capitulation (mai 637 Omar partit de Médine, sans gardes, sans suite monté sur un chameau roux qui portait deu sacs, dont l'un contenait du riz, de l'orge, d froment, et l'autre des dattes; devant lui était u plat de bois; derrière lui, une outre pleine d'eau Sous sa tente, faite d'un crin grossier, on n voyait d'autre siége que la terre. Ayant aperçu en chemin quelques soldats revêtus des robes de soie qu'ils avaient pillées en Syrie, il les leu fit déchirer sur le dos et traîner dans la boue La capitulation, approuvée par le khalife, portai que les chrétiens conserveraient le libre exercice de leur culte et la possession de leurs biens; mais on leur interdisait les signes extérieurs, tels que les croix et les cloches, le métier des armes, l'usage de la langue arabe, et ils devaient avoir un vêtement distinctif; défense était faite d'essayer la conversion des musulmans. L'église de la Résurrection, bâtie par Constantin le Grand, fut changée en mosquée; une autre mosquée devait s'élever bientôt près du lieu où avait été le temple de Salomon, et Omar lui-même, donnant l'exemple aux ouvriers qui en déblayaient l'emplacement, remplit les pans de sa robe des immondices qu'il fallait transporter loin de là. Sophronius succomba au chagrin de voir les musulmans maîtres de la cité sainte.

Avant de retourner à Médine, le khalife divisa l'armée en deux corps, dont l'un, ayant pour chefs Amrou et Iézid, eut ordre de soumettre la Palestine; l'autre, commandé par Abou-Obéïdah et Khaled, retourna en Syrie. Héraclius n'essaya même pas une résistance qu'il jugeait inutile: prosterné dans la cathédrale d'Antioche, il pleura publiquement ses péchés, déclara que l'on combattrait en vain contre la volonté de Dieu, et délia de leur serment de fidélité ce qui lui restait de sujets. La forteresse d'Alep fut prise par une escalade nocturne (638); Antioche, défendue quelque temps par Nestorius, se racheta au prix de 300,000 pièces d'or. Quarante mille Grecs, qui étaient à Césarée sous les ordres du prince Constantin, se dispersèrent, et la ville paya un tribut de 200,000 pièces d'or pour n'être point pillée. Tyr, Tripoli, Sidon, Béryte, Palmyre, Ptolémaïs, Joppé, Ascalon, Gaza ouvrirent leurs portes. En 639, la Syrie, la Palestine et la Phénicie étaient complètement subjuguées. Dans les années suivantes, la Cilicie, la Mésopotamie et l'Arménie tombèrent aussi sous la loi de Mahomet.

Ce fut au milieu de leurs triomphes que périrent les premiers soldats de l'islamisme. Une peste enleva vingt-cinq mille guerriers arabes en Syrie, et, parmi eux, Abou-Obéïdah et Iézid. Khaled mourut, peu de temps après, d'épuisement, de maladie et d'outrages faits à sa fierté. Accusé de s'être enrichi aux dépens du trésor public, ignominieusement amené devant tous, le turban lié autour du cou, il supporta les affronts avec patience et résignation. Une amende fut prononcée contre lui; mais on trouva que son cheval, ses armes et une seule esclave formaient sa prétendue fortune. Omar eut à pleurer sur la tombe du conquérant de la Syrie, mortellement blessé par l'ingratitude de ses compagnons.

III.

539. Amrou entreprend la conquête de l'Égypte. — Prise de Péluse et de Memphis. — 640. Prise d'Alexandrie. — Administration d'Amrou. — 636-652. Guerre contre les Sassanides de la Perse. — Batailles de Cadésiah et de Néhavend. — Fondation de Coufah et de Bassora. — 644. Assassinat d'Omar. — 644-655. Othman, troisième khalife. — Conquête de la Cyrénaïque. — Expéditions maritimes. — 655-661. Guerre civile après le meurtre d'Othman. — Destinée des Alides.

La fertile vallée du Nil ne pouvait échapper à l'islamisme. Déjà Cyrus, patriarche et préfet d'Alexandrie, prévoyant l'invasion des musulmans, avait offert au khalife Omar la main d'une fille d'Héraclius et un tribut annuel de 200,000 pièces d'or, si l'on n'attaquait pas l'Égypte. Mais Amrou, qui voulait obtenir des triomphes égaux à ceux de Khaled et d'Abou-Obéïdah, partit de Gaza avec quatre mille cavaliers, et marcha vers l'isthme de Suez. L'entreprise pouvait paraître téméraire. Aussi, lorsqu'Amrou envoya demander au khalife s'il devait tenter la conquête de l'Égypte, celui-ci répondit : « Si tu es encore en Syrie, abstiens-toi; si tu as déjà franchi les frontières, marche, et compte sur le secours de Dieu et de tes frères. » On prétend que la lettre fut remise à Amrou avant son entrée en Égypte, mais que, pressentant l'avis qu'elle contenait, il ne l'ouvrit qu'après avoir traversé l'isthme.

Au reste, la situation de l'Égypte promettait de grandes chances de succès. On remarquait dans ce pays deux populations distinctes et ennemies, les gouvernants et les gouvernés : les premiers se composaient des Grecs venus de Constantinople, revêtus d'emplois civils ou militaires, en possession de toutes les faveurs; les seconds comprenaient les Cophtes, race indigène, soumise à l'impôt et à des vexations de toute nature. La même division existait en matière religieuse : les Cophtes, partisans de l'hérésie des Jacobites, qui ne reconnaissaient qu'une nature en Jésus-Christ, étaient persécutés par les Grecs orthodoxes. Enfin, il n'y avait dans toute l'Égypte qu'une seule ville capable d'une résistance sérieuse : la politique des empereurs byzantins avait concentré toutes les forces du pays dans Alexandrie, en sorte qu'un écrivain a pu comparer l'Égypte à un corps extrêmement faible, mais surmonté d'une tête énorme.

Dès le début de la guerre, Makawkas, intendant de la Haute-Egypte, le même qui avait rendu hommage à Mahomet, traita avec Amrou, au nom de six millions de Cophtes : il acheta la liberté de conscience, la sûreté des personnes et l'inviolabilité des propriétés, moyennant un tribut de deux pièces d'or par tête; les moines, les vieillards, les femmes et les enfants au-dessous de seize ans étaient exempts de ce tribut; tout voyageur musulman devait trouver en outre l'hospitalité pendant trois jours chez les Cophtes.

Amrou emporta Péluse en un mois; Memphis succomba à son tour, malgré l'inondation du Nil et la résistance du fort de Babylone. Au moment où les Arabes allaient lever le camp pour se diriger vers Alexandrie, on vint annoncer au général que des colombes avaient fait leur nid sur le sommet de sa tente, et que les petits paraissaient sur le point d'éclore. On demanda ses ordres pour abattre la tente et renverser le nid. « A Dieu ne plaise, répondit Amrou, qu'un musulman refuse sa protection à aucun être vivant, créature du Dieu très-haut, qui se sera placée avec sécurité sous l'ombr de son hospitalité ; qu'on respecte ces oiseaux de venus mes hôtes, et qu'on laisse ma tente sur pie jusqu'à mon retour d'Alexandrie. » Cet incident fu l'origine de la fondation d'une grande ville ; le Arabes construisirent autour de la tente une foul d'habitations et de palais, et la ville de Fostatt pr naissance.

Alexandrie restait seule en la possession de Grecs. Cette riche cité, ainsi qu'on le voit dan une lettre d'Amrou au khalife, renfermait quat mille palais, quatre mille bains, quatre cen théâtres ou cirques, quatre mille musiciens baladins, douze mille boutiques de comestible quarante mille Juifs payant tribut, et environ de cent mille Grecs ou Cophtes. Les Arabes, q avaient reçu des renforts, entreprirent de l'assiége Le patriarche voulait les éloigner par des négoci tions. « Vois-tu cette colonne? lui dit grossièr ment Amrou en désignant l'une des aiguilles granit qui portent le nom de Cléopâtre ; nous sor rons de l'Egypte lorsque tu l'auras avalée. » résistance des Alexandrins dura quatorze mois. raconte que, dans un assaut, Amrou escalada muraille sans regarder s'il était suivi ; pris avec l'un de ses lieutenants et un affranchi, il fut conduit devant le gouverneur, qui lui dit : « Apprenez-moi ce que vous voulez de nous, et pour quel motif vous nous faites la guerre. — Nous venons, répondit Amrou, pour vous contraindre à embrasser l'islam, ou à payer un tribut annuel ; sinon, vous serez passés au fil de l'épée. » Ce langage hautain l'aurait trahi, si l'affranchi, le frappant au visage, ne se fût écrié : « Que signifient ces paroles ? Toi, l'un des moindres de notre armée, tu oses expliquer les intentions de tes chefs ! Tais-toi, et laisse parler tes supérieurs. » Cet acte d'un mépris simulé trompa le gouverneur, qui laissa partir les prisonniers pour obtenir des conditions de paix. Amrou, échappé comme par miracle au péril, pressa le siége avec une vigueur nouvelle. Les Alexandrins, n'obtenant aucun secours d'Héraclius, furent pris de force, le 22 décembre 640 ; les vainqueurs démantelèrent la ville. Ce fut une perte immense pour Constantinople, ainsi privée du blé qui subvenait à ses besoins.

Parmi les fables qu'on a répandues sur le compte des Arabes, il n'en est pas de plus célèbre que celle qui concerne l'incendie de la bibliothèque des Ptolémées, composée, dit-on, de sept cent mille volumes. Amrou aurait envoyé demander à Omar ce qu'il fallait faire de tous ces livres, et aurait reçu cette réponse : « S'ils contiennent ce qui est déjà dans le Koran, ils sont inutiles; s'ils sont contraires au livre de Dieu, ils sont dangereux; ainsi, qu'on les brûle. » La tradition ajoute qu'Amrou fit chauffer pendant six mois, avec la bibliothèque, les quatre mille bains d'Alexandrie. Ce fait ne repose que sur la foi d'un narrateur tardif, Abd-Allatif, écrivain du treizième siècle, et il serait bien étrange que les auteurs grecs contemporains d'Amrou eussent passé sous silence une aussi grave accusation contre leurs ennemis. D'ailleurs, la bibliothèque réunie dans le Bruchion par les Ptolémées avait été incendiée au temps de César; celle que Marc-Aurèle forma dans le Sérapion fut dispersée à l'époque de Théodose, si complètement, nous dit Paul Orose, qu'il n'en resta que les coffres vides. Si l'on avait formé quelque collection nouvelle, elle ne put avoir l'importance qu'on lui attribue. Sans doute, Omar méprisait la littérature; mais sa conduite eût été en opposition directe avec les préceptes du Koran et avec le respect profond des musulmans pour tout papier sur lequel le nom de Dieu peut se trouver écrit. Enfin, les Arabes, loin d'être ennemis des lettres et des arts, les favorisèrent dans toutes leurs conquêtes ; loin de brûler les bibliothèques, ils réunirent des manuscrits, qu'ils achetaient à un prix fort élevé. On ne comprendrait pas un pareil acte de vandalisme de la part d'Amrou, qui était poète lui-même.

L'administration d'Amrou en Egypte fut vigoureuse, bien que tolérante. Il défendit le pillage à ses soldats ; le produit des contributions de guerre fut destiné à faire les frais de conquêtes nouvelles ; les blés entassés dans les magasins furent dirigés sur l'Hedjaz, et la file des chameaux qui les portaient couvrit presque sans interruption toute la route de Memphis à Médine. Amrou fit bâtir à Alexandrie la mosquée de la Clémence, à l'endroit même où il avait arrêté la fureur de ses soldats et le massacre des vaincus. Il supprima la capitation, et la remplaça par des impôts moins vexatoires, dont le tiers devait être employé à l'entretien des digues et des canaux. L'Egypte fut divisée en districts, dont on prit les gouverneurs parmi les Cophtes. La population agricole recouvra la sécurité et l'aisance. Les tribunaux furent composés d'hommes intègres, indépendants, éclairés, jouissant de l'estime et de la considération générales. Un patriarche cophte, Benjamin, que l'empereur Héraclius avait expulsé comme jacobite, fut retabli dans ses fonctions. La tolérance d'Amrou fut si grande, que la masse de la population demeura chrétienne : aujourd'hui même, on retrouve l'église cophte dans la Haute-Egypte et l'église grecque à Alexandrie.

Pour favoriser le commerce, Amrou ordonna qu'on reprît le canal de jonction entre le Nil et la mer Rouge, commencé par l'ancien roi d'Egypte Néchao, et continué par les Perses et les Ptolémées : ce travail fut encore interrompu, parce que l'on craignait d'ouvrir aux Grecs un chemin jusqu'aux villes saintes de l'Arabie.

En même temps qu'Omar, maître de la Syrie, donnait l'ordre d'envahir l'Egypte, une autre armée musulmane se jetait sur la Perse, et renversait la famille des Sassanides, dont la domination remontait à l'an 225 avant Jésus-Christ. Yesdegerd III, trop jeune pour commander en personne, opposa son grand-visir Roustam, avec trente mille Persans et cent vingt mille auxiliaires, aux trente mille Arabes que commandait Séïd; Roustam faisait porter devant lui le tablier de cuir du forgeron Ardshir, fondateur de l'empire, et croyait que cet étendard sacré lui assurait la victoire. Une bataille, livrée près de Cadésiah en 636, dura trois jours; enfin, Roustam, surpris au moment où il se reposait à l'ombre des chariots qui portaient ses trésors, fut tué par les Arabes, et sa tête, plantée au bout d'une lance, détermina la fuite des siens. Yesdegerd épouvanté chercha un refuge à Holwan en Médie.

Séïd, ayant franchi le Tigre, s'empara sans résistance de la cité de Modaïn, formée des anciennes villes de Séleucie et de Ctésiphon. Le butin fut immense : on y prit, selon l'expression des Arabes eux-mêmes, trois mille milliers de millions de pièces d'or. Séïd envoya au khalife un tapis en soie de soixante coudées en carré, représentant un parterre, dont chaque fleur, formée de pierres précieuses, s'élevait sur une tige d'or : le rigide Omar, craignant de justifier, en acceptant un pareil don pour son usage, le luxe dont il redoutait les effets sur son peuple, fit couper le tapis en autant de morceaux qu'il y avait de compagnons du prophète à Médine ; le lambeau qui échut à Ali fut encore vendu 20,000 drachmes à des marchands syriens.

De Ctésiphon, les Arabes se dirigèrent vers Holwan, et dispersèrent en chemin, près de Djaloula, les Perses qui avaient échappé à la déroute de Cadésiah. Yesdegerd n'osa les attendre, laissa l'Assyrie sans défense, et courut se cacher dans Persépolis. La déroute de cent cinquante mille Perses à la journée de Néhavend (642), qu'on appela la *victoire des victoires*, amena la prise de Hamadan, d'Ispahan, de Tauris, de Réi, et la domination musulmane s'étendit jusqu'à la mer Caspienne. Ahnaf, successeur de Séïd, soumit Hérat, Mérou, Balkh et tout le Khoraçan ; puis, opérant sa jonction avec l'armée qui avait subjugué la Syrie, il attaqua la Perse propre. Yesdegerd n'essaya même pas de défendre Persépolis ; il s'enfuit à travers le pays de Kerman et le Sigistan, et arriva chez les hordes turques de l'Oxus et de l'Iaxarte. Le roi de Samarcande et les habitants du Turkestan prirent les armes en sa faveur ; l'empereur de la Chine, Taï-Tsong, lui fournit un corps de Tartares. Mais le monarque fugitif voulut traiter ses alliés avec la même arrogance que ses propres sujets ; les Tartares indignés le chassèrent. Yesdegerd, arrivé près du Marg-Ab, pria un meunier de le passer à l'autre bord, lui offrant ses armes ornées de pierres précieuses. Le meunier répondit : « Je n'ai nul besoin de pareilles armes ; si vous me donnez les quatre drachmes que je gagne chaque jour, j'interromprai mon travail pour ne m'occuper que de votre sûreté. » Quelques cavaliers qui poursuivaient le roi arrivèrent au moment où il concluait le marché, et le tuèrent, en 652. Le fils d'Yesdegerd devint capitaine des gardes en Chine. Toute la Perse passa sous le joug des Arabes : le culte des Mages fut aboli ; les Guèbres, adorateurs du feu, se réfugièrent dans l'Inde, où ils existent encore sous le nom de Parsis.

Les Arabes n'étaient pas seulement conquérants ; partout ils favorisaient le commerce. Un peu au-dessous du confluent du Tigre avec l'Euphrate, dans une vallée que l'on nomma l'un des quatre paradis de l'Asie, ils bâtirent la ville de

Bassora, qui devait servir d'entrepôt au commerce qu'ils faisaient avec l'Inde par le golfe Persique. Bientôt après, s'éleva sur la rive occidentale de l'Euphrate une autre ville, Coufah, peuplée aussi de vétérans. Ces deux colonies offraient aux musulmans un double avantage : elles donnaient une activité plus grande aux relations commerciales, et étaient de véritables postes militaires, qui assuraient l'obéissance des vaincus.

Omar ne vit point la chute des Sassanides : il fut assassiné, en 644, par un esclave persan, nommé Firouz, qui vengea son pays en ne voulant punir qu'une injure personnelle. Il refusa de transmettre son pouvoir à l'un de ses enfants. « C'est bien assez pour ma famille, dit-il, qu'un de ses membres ait un aussi grand compte à rendre à Dieu. » Il se contenta de désigner six de ses compagnons les plus considérables, qui devaient lui choisir un successeur. Ainsi finit l'un des chefs les plus redoutés de l'islamisme. « Son bâton, disent les Arabes, inspirait plus de crainte que l'épée de ses successeurs. « Pendant son administration, on avait pris trente-six mille villes ou châteaux, détruit quatre mille temples idolâtres ou chrétiens, fondé ou rebâti quatorze cents mosquées. Les pieux musulmans coupèrent leurs cheveux en signe de deuil, pour en orner le tombeau d'Omar.

L'ancien secrétaire de Mahomet, Othman, fut proclamé khalife. C'était un homme faible de caractère, âgé de près de quatre-vingts ans, que sa partialité pour ses parents ou ses amis rendit bientôt odieux. Il donna le gouvernement de l'Egypte à son frère de lait Abdallah, sans avoir égard aux services d'Amrou. Abdallah augmenta les contributions qui pesaient sur les vaincus. « Il a bien su traire la chamelle après toi, dit un jour Othman à Amrou.— Cela est vrai, répondit ce dernier; mais aussi il a affamé les petits. »

Le khalife, en disgraciant Amrou, avait voulu réserver à Abdallah l'honneur de conquérir toute l'Afrique. Ce général entra, en effet, dans la Cyrénaïque, à la tête de quarante mille hommes (647); mais il ne montra pas d'abord une ardeur bien intrépide. Grégoire, exarque de Tripoli, étant venu à sa rencontre avec cent vingt mille soldats jusqu'à Iacouba, il resta dans sa tente pendant l'action. Zobéïr, un de ses officiers, vint le trouver. « Une tente, s'écria-t-il, est-elle un poste pour le

chef des musulmans ?—Tu ne sais donc pas, répon
dit Abdallah, qu'on a mis ma tête à prix, et qu'o
offre 100,000 pièces d'or et la main de la fille d
l'exarque à tout chrétien ou musulman qui m'aur
frappé ? — Fais annoncer aussi, reprit Zobéïr, qu
quiconque tuera Grégoire aura une pareille somm
de 100,000 pièces d'or, sa fille captive en mariage
et sera nommé gouverneur de sa province. » L'avi
fut immédiatement suivi. Zobéïr tua de sa main
l'exarque, au milieu de la déroute de l'armé
grecque. Le butin fut si considérable, qu'il revin
1,000 pièces d'or à chaque fantassin et 3,000 au
cavaliers.

L'expédition d'Abdallah dans la Cyrénaïqu
n'eut d'ailleurs aucun résultat sérieux : la disett
et les maladies contraignirent bientôt l'armée musulmane à la retraite.

Sous le khalifat d'Othman, les Arabes se hasar
dèrent pour la première fois sur la Méditerranée
Moawiah, gouverneur de la Syrie, ayant équip
dix-sept cents navires en 648, pilla l'île d
Chypre et l'îlot d'Aradus. L'année suivante, il fi
une descente en Isaurie, d'où il ramena des mi
liers de captifs. En 653, il s'empara de l'île d

Rhodes; les débris du fameux colosse renversé depuis des siècles par un tremblement de terre furent vendus à un Juif, qui en chargea neuf cents chameaux. En 655, la flotte arabe défit l'empereur Constant II sur les côtes de la Lycie, en vue du mont Phœnix; pendant la déroute, un sujet dévoué enleva le prince dans ses bras, le transporta sur un autre vaisseau, et, tandis qu'il fuyait vers Constantinople, revint se faire tuer sur la galère impériale, qu'attaquaient les musulmans. Moawiah se rendit maître des Cyclades, et poussa même ses courses jusqu'en Sicile.

L'esprit de conquête fut entravé pendant quelques années par des querelles intestines. L'impopularité d'Othman s'était accrue de jour en jour. En 655, des révoltes éclatèrent simultanément à Coufah, à Bassora, en Egypte et en Arabie. Le khalife, bloqué durant six semaines à Médine, fut enfin transpercé par la lance du fils d'Abou-Bekr; on l'acheva de neuf coups d'épée, sans respect pour le Koran, qu'il avait placé comme un rempart sur sa poitrine.

L'autorité suprême fut enfin remise entre les mains d'Ali, qui la méritait si bien par sa nais-

sance et par ses vertus. Il avait été l'un
premiers à se convertir à l'islamisme, et Mahc
se plaisait à l'appeler l'Aaron d'un second M
Il avait conservé toute la simplicité de mœurs
premiers musulmans : à l'heure des prières, i
rendait à la mosquée, à pied, vêtu d'une robe
gère de coton, la tête couverte d'un turban g
sier, portant ses sandales d'une main et s'appu
de l'autre sur son arc. Il était renommé com
poète, comme saint et comme guerrier.

Mais Aïescha, la veuve du prophète, ani
contre Ali d'une haine particulière, poussa
révolte deux chefs puissants, Zobéïr et Tal
qui soulevèrent l'Irak et l'Assyrie. Dans une
taille décisive, livrée près de Bassora, et où
rirent dix-sept mille Arabes, les rebelles fu
frappés mortellement; une lutte furieuse s'
gagea autour d'Aïescha; soixante-dix guerri
succombèrent sous les coups d'Ali, en voul
défendre le chameau qu'elle montait. De là
le nom de *journée du chameau*, qui fut donn
l'affaire de Bassora. Aïescha fut conduite à M
dine, près du tombeau de son époux, et ne ta
pas à mourir.

Ali eut à combattre encore des ennemis plus puissants. Il n'avait point rendu le gouvernement de l'Egypte à Amrou, et s'était proposé de dépouiller Moawiah de la Syrie. Les deux généraux se liguèrent ensemble; Moawiah suspendit dans la mosquée de Damas la robe ensanglantée que portait Othman le jour de son assassinat, et appela la vengeance du Ciel sur Ali, qu'il accusait faussement d'avoir participé au meurtre d'un vicaire du prophète. Ali fit à ses rivaux, pendant cent dix jours, une guerre d'escarmouches sur les bords de l'Euphrate; quatre-vingt dix combats coûtèrent la vie à vingt-cinq mille de ses partisans et à quarante-cinq mille ennemis. La bataille de Seffein, plus importante que les autres, demeura indécise. Enfin, trois fanatiques jurèrent dans une mosquée de mettre un terme à la guerre civile, en tuant chacun un des trois chefs qui la soutenaient. Ali fut assassiné à Coufah, en 661; Amrou échappa miraculeusement au poignard de l'assassin, qui frappa son lieutenant à sa place; la blessure de Moawiah ne fut pas mortelle.

Ce triple crime fit cesser l'anarchie. Amrou se désista de ses prétentions à l'autorité suprême.

Moawiah, proclamé khalife, commença la dynast des Ommiades, ainsi nommée de son bisaïeul O meya; il était fils d'Abou-Sofian, l'ennemi con tant de Mahomet.

Le souvenir d'Ali est toujours resté cher au musulmans; car le prophète avait dit : « Je su la cité de la doctrine, Ali en est la porte. » S tombeau est un objet de vénération pour l Perses. Toutes les fois qu'ils prononcent son nom ils l'accompagnent de cette bénédiction : « Qu Dieu rende sa face glorieuse ! » Le muezzin, q appelle les fidèles à la prière, ajoute à la formul d'usage : « Ali est le lieutenant du prophèt Omar, Othman et Abou-Bekr, que vos nom soient maudits ! »

Les deux fils d'Ali périrent victimes des per sécutions des Ommiades. L'un, Hassan, fut em poisonné par Moawiah; l'autre, Hosseïn, fu abandonné de sa femme, séduite par Iézid, fils d ce khalife, et reçut la mort à la journée de Kerbel avec ses plus fidèles partisans. En vérité, la des tinée des Alides est étrange. La descendance du prophète est exclue de l'autorité; ses petits-fil sont indignement détrônés ou assassinés. Ali, l seul disciple dévoué, toujours doux, patient, généreux; Ali, le favori de Mahomet pendant tout le cours de sa vie, et l'époux de sa fille préférée; Ali devient l'objet de la haine de ceux qui prétendent à diriger la société musulmane. A la place de sa malheureuse postérité, objet des défiances et des proscriptions, s'élève sur le trône la famille des adversaires les plus acharnés que le prophète ait rencontrés dans l'établissement de sa doctrine parmi les Arabes.

Mégard et Cie

Mahomet.

Massacre des Ommiades.

CHAPITRE V.

LES OMMIADES.

Le Khalifat devient héréditaire. — Guerres des Ommiades contre l'empire grec. — Siéges de Constantinople. — Guerres dans le Caucase. — Progrès de l'Islamisme dans l'Asie orientale. — 670. Expédition d'Akbah sur la côte d'Afrique. — 692. Expédition d'Hassan. — 698. Ruine de Carthage. — 709. L'Afrique subjuguée par Musa. — 711. Les Arabes soumettent l'Espagne. — Leurs expéditions en Gaule. — 732. Bataille de Poitiers. — 750. Les Ommiades renversés par les Abbassides.

La famille des Ommiades opéra une révolution dans la nature du khalifat. Sous les premiers successeurs de Mahomet, le titre de vicaire du prophète avait été conféré par l'élection : à partir de Moawiah, il devint héréditaire. Le siége de l'empire musulman fut transféré à Damas, au centre des provinces conquises; les Ommiades préféraient, d'ailleurs, la soumission des Syriens et leurs habitudes d'esclavage à la fière indépendance des habitants du désert. Cessant d'être de simples patriarches comme les premiers khalifes, ils firent reposer leur autorité sur la force. Dès-lors aussi, rien dans leur palais ne rappela les fondateurs austères de l'islamisme : une garde nombreuse, hérissée de fer ou richement vêtue, défendit leur porte ; toutes les jouissances d'une vie somptueuse furent rassemblées pour satisfaire leurs goûts. Lorsqu'ils voyageaient, quatre cents chameaux suffisaient à peine au transport de leur cuisine ; sept mille eunuques étaient chargés du soin de leur personne ou de la garde de leurs femmes. Les Ommiades se rendirent toujours à la mosquée, et y firent la prière et la prédication du vendredi ; mais le reste de leur vie s'écoula dans les jardins parfumés de Damas, tandis que la nation, conservant, un siècle encore, son élan, son activité, son énergie, continua l'œuvre de la conquête sous les ordres d'intrépides généraux.

Le pouvoir des nouveaux khalifes, fruit d'une usurpation, fut en effet consolidé par de brillants succès. Sous l'impulsion des Ommiades, le joug musulman s'étendit à l'Orient sur les pays occupés par la race turque et la race tartare; du côté de l'Occident, toute l'Afrique fut conquise, le détroit de Gibraltar franchi et l'islamisme porté jusqu'aux Pyrénées, jusqu'au cœur même de la France. On essaya de réduire jusque dans sa capitale l'empire grec, déjà si profondément ébranlé.

Moawiah est l'auteur d'une première tentative contre Constantinople : en 668, son fils Iézid prit le commandement d'une flotte nombreuse, et pénétra sans obstacles dans l'Hellespont et la Propontide. Pendant sept années consécutives, il renouvela avec acharnement ses attaques, toujours repoussées; il passait l'hiver dans le port de Cyzique. Les musulmans montraient d'autant plus d'ardeur que Mahomet avait promis l'entière rémission des péchés à l'armée qui assiégerait Constantinople. Mais l'empereur grec Constantin Pogonat dut son salut à l'invention d'une arme terrible de guerre. Un habitant d'Héliopolis en Syrie, l'ingénieur Callinicus, dont les Arabes avaient dédaigné les services, apporta à leurs ennemis le secret du *feu grégeois*; c'était une composition d'huile de bitume, de poix et de soufre. Ce feu, qu'on lançait par des tubes de fer ou dans des brûlots, trouvait dans l'eau même un nouvel aliment, et pénétrait par les jointures des armures*. Les Arabes, épouvantés par les ravages de cet instrument de destruction, s'éloignèrent, après avoir perdu trente mille hommes; une tempête acheva la ruine de leur flotte. Les historiens grecs prétendent que Moawiah se soumit, en 675, à un tribut annuel de cinquante chevaux, cinquante esclaves et 300 pièces d'or.

Au commencement du siècle suivant, l'empereur Justinien II essuya une déroute en Cilicie, près de Sébaste. Telle était la terreur dont les Grecs étaient frappés, qu'un parti de trente Arabes osa traverser toute l'Asie-Mineure, pénétra jusqu'à Chrysopolis, vis-à-vis de Constantinople, égorgea une partie des habitans, et mit le feu aux vaisseaux qui se trouvaient dans le port.

* Les Sarrasins finirent par découvrir le secret du feu grégeois, et l'employèrent contre les chrétiens pendant les croisades. Cette invention se perdit ensuite. On la retrouva, dit-on, sous Louis XIV, et ce prince, qui l'avait achetée, ne voulut pas en faire usage.

En 717, Moslémah, frère du khalife Walid, parut devant Constantinople avec une flotte de dix-huit cents navires et cent vingt mille combattants. L'empereur Léon III l'Isaurien tenta de négocier, offrant, pour le rachat des habitants, une pièce d'or par tête; le chef musulman répondit : « On ne transige point avec des captifs, on ne traite point avec des vaincus; j'ai déjà désigné la garnison qui doit occuper la place; il ne vous reste d'autre parti que de vous soumettre. » L'événement ne répondit pas à cette bravade. Léon III, pour augmenter la confiance des ennemis, avait fait briser les chaînes du port; la flotte arabe, attirée près des murs, fut incendiée par le feu grégeois. Puis, l'hiver fut d'une rigueur inusitée dans ces régions; pendant trois mois, la terre fut couverte de neige et de glace, et les troupes, qui assiégeaient la ville par terre, périssaient de froid ou de misère. Au printemps suivant, deux nouvelles flottes, chargées de soldats et de vivres, arrivèrent d'Egypte et d'Afrique. Les Grecs les détruisirent. Enfin, Moslémah prit le parti de se retirer; au moment où il levait le camp, les Bulgares vinrent l'assaillir, et lui tuèrent encore vingt-deux mille hommes. On ne vit rentrer à Alexandrie que cinq vaisseaux. L'issue du siége de Constantinople eut un grand retentissement dans la chrétienté : le pape Grégoire II envoya l'image de Léon l'Isaurien aux divers princes, qui la reçurent avec honneur.

Un autre Moslémah figure dans une guerre du Caucase. « Les Khazars, la plus puissante des nations établies au nord du Caucase, avaient franchi cette chaîne, pour disputer aux musulmans la possession de l'Arménie et des pays voisins. Les deux peuples s'étaient déjà rencontrés en armes dans ces régions : des invasions réciproques, mais non décisives, nous les font voir tour à tour vainqueurs ou vaincus au nord du Caucase ou sur les bords de l'Araxe. Lorsque Hescham monta sur le trône, il envoya son frère Moslémah dans l'Arménie, pour y continuer la guerre. Moslémah vainquit dans deux batailles le fils du roi des Khazars, s'avança sur ses traces jusque dans le Schirvan, prit Derbent et fit rentrer dans l'obéissance des Arabes tous les petits princes de cette frontière. Cependant les Khazars ne tardèrent pas à revenir avec des forces plus considérables ; Moslémah fut obligé de battre en retraite et de leur livrer une bataille dans laquelle les Arabes achetèrent la victoire par de grandes pertes... En 728, le fils du roi des Khazars repassa le Caucase, et eut bientôt envahi l'Arménie et la Médie ; Djarrah, successeur de Moslémah, fut vaincu et tué, et les Khazars portèrent leurs ravages jusqu'aux portes de Mossoul. Le khalife Hescham fit partir de nouvelles troupes, sous les ordres d'un général nommé Saïd. Celui-ci rétablit bientôt les affaires des Arabes. Il fut promptement en état de tenir tête aux ennemis, qui lui résistèrent cependant avec beaucoup de vigueur ; car, après la perte de trois batailles, ils se maintenaient encore en Arménie. Moslémah y fut renvoyé ; les Khazars firent alors leur retraite. On les poursuivit; mais ils parvinrent à repasser le Caucase sans perte *. »

Si les musulmans firent peu de progrès du côté de Constantinople, en revanche ils portèrent leurs armes et leurs doctrines jusqu'aux extrémités de l'Orient.

* Saint-Martin, notes sur l'histoire du Bas-Empire.

Vers l'année 707, Kotaïbah, gouverneur du Khoraçan, subjugua la vaste région comprise entre la mer Caspienne, l'Oxus et l'Iaxaste, c'est-à-dire la Transoxiane, le Khowaresm et la Bouckharie; il pénétra jusqu'à Kaschgar, aux frontières de la Chine. Des ambassadeurs, partis du camp arabe, se rendirent près de l'empereur de la Chine. Pendant trois jours consécutifs, ils se présentèrent devant le trône, d'abord vêtus somptueusement, puis avec simplicité, enfin dans tout leur appareil guerrier. Le prince chinois reçut ces étrangers avec distinction, mais demanda, le troisième jour, pourquoi ils changeaient si souvent de costume. « Nos robes du premier jour, dit l'un des envoyés, sont celles avec lesquelles nous visitons les sultanes; notre seconde visite est dans le costume simple de la cour de notre maître; nos vêtements actuels sont notre parure devant l'ennemi. » L'empereur, alarmé de ce langage, rechercha l'alliance de ces redoutables fanatiques, en rassasiant d'or leur cupidité.

A la même époque, Kasim, lieutenant de Kotaïbah, convertissait toute la rive droite de l'Indus,

atteintes des habitants de la terre. Il s'établit ensuite dans la vallée, ordonnant qu'on traçât les rues et qu'on arrachât les herbes. On prétend que, pendant les quarante années qui suivirent, les habitants n'aperçurent jamais ni serpents ni scorpions... Les palais, les mosquées et les habitations s'élevèrent avec rapidité; l'enceinte de la ville avait trois mille six cents brasses de tour. De nombreux habitants s'y rendirent de toutes parts, et elle ne tarda pas à devenir une puissante capitale *. »

Akbah poursuivit sa route jusqu'aux rivages de la mer Atlantique. Là, poussant son cheval dans les flots, il s'écria : « Dieu de Mahomet, si je n'étais arrêté par cette barrière, j'irais jusqu'aux terres inconnues de l'Occident, prêchant l'unité de ton saint nom et passant au tranchant du cimeterre les nations rebelles qui adorent d'autres dieux que toi. »

L'expédition d'Akbah ne fut, du reste, qu'une course brillante, sans résultats solides et durables.

* Nowaïri, ms. arab. de la Bibliothèque nationale, trad. par N. Desvergers.

En effet, le chef arabe revenait sur ses pas, quan il fut surpris par une armée d'indigènes, et exter miné avec ses cavaliers: l'instigateur de cett agression inattendue se nommait Kouschilé; Ak bah avait blessé son orgueil, en le contraignan d'écorcher les moutons qu'on tuait pour sa cui sine.

En 688, un autre général, Zobéïr, mit en dé route les compagnons de Kouschilé; mais il péri à son tour dans une bataille contre les Grecs.

Le khalife Abd-el-Malek, voulant arriver à u résultat plus sérieux, enjoignit à Hassan, gou verneur de l'Égypte, de consacrer à la guerre d'A frique tous les revenus de sa province, et de parti avec quarante mille hommes, en 692. Carthag fut emportée d'assaut, et il n'y eut que trois villes Bone, Bizerta et Cherchell, qui échappèrent à l'invasion. Le patrice Jean, envoyé par l'usurpa teur Léonce, parvint, il est vrai, à repousser les vainqueurs jusqu'à Barca, et reprit Carthage (694) Mais bientôt Hassan reçut des renforts; les Grec furent entièrement défaits devant Utique, chassés de tout le pays, et Carthage ruinée de fond en comble (698).

Cependant, la conquête de l'Afrique ne pouvait être assurée, tant que les Berbères ou Maures indépendants n'auraient pas été soumis. Ces tribus étaient sauvages, comme au temps des victoires de Bélisaire; elles avaient conservé le caractère indomptable des anciens Numides, et trouvaient dans les gorges de l'Atlas un refuge presque inaccessible. Les Berbères mangeaient le blé, l'orge et l'avoine, sans les réduire en farine; des cavernes leur servaient de demeures, et l'on n'y voyait d'autre lit que leur dure tunique. Ils étaient gouvernés, au temps de Hassan, par la reine Kahina, qui excitait leur fanatisme en feignant d'être douée de l'esprit prophétique. « Que veulent les Arabes? disait-elle. Occuper les villes, s'emparer des trésors qu'elles contiennent, tandis que nous n'avons besoin que de champs et de pâturages. Nous n'avons d'autre moyen d'arrêter ces hommes avides que de ravager la contrée qu'ils convoitent, de manière à ce qu'ils perdent tout désir de l'occuper*. » Tout le pays qui s'étend de Tanger à Tripoli fut réduit en désert par les Berbères; Has-

* Nowaïri.

san ne triompha de ces farouches ennemis qu'au bout de cinq ans, lorsque Kahina eut été tuée dans une bataille.

La réduction des Berbères fut achevée par Musa. Ce chef arabe prit Tanger, occupa toute la Mauritanie, qui s'appela dès lors le *Magreb* ou contrée occidentale, fit vendre trois cent mille indigènes comme esclaves sur les marchés de l'Orient, et en enrôla trente mille dans ses troupes. Les autres furent contraints d'apprendre la langue et la religion de leurs vainqueurs. Depuis leur conversion à l'islamisme, les Berbères formèrent une population dévouée aux Arabes (709).

Quand l'Afrique fut soumise, les musulmans songèrent à l'Espagne. La situation de ce pays devait favoriser leurs entreprises : en effet, les Wisigoths, depuis leur établissement dans la péninsule en 415, avaient entretenu une distinction injurieuse entre la race conquérante et l'ancienne population; abâtardis par l'influence du climat et des mœurs romaines, ils étaient encore déchirés par des dissensions civiles. Roderic venait d'enlever la couronne aux deux enfants de Witiza, et l'oncle des jeunes princes, Oppas, archevêque de

Tolède, s'était mis à la tête d'une violente opposition. Parmi les ennemis de Roderic, l'histoire mentionne le comte Julien, gouverneur de Ceuta; mais la tradition, qui attribue à une injure faite à sa fille Florinde la haine dont il était animé contre le roi, paraît être le fruit de l'imagination des Arabes. Quoi qu'il en soit, Oppas et Julien commirent l'imprudence d'appeler les musulmans en Espagne. Ceux-ci n'éprouvaient déjà que trop de penchant à cette invasion; car, ainsi que le disent leurs poètes, « L'Espagne l'emporte de beaucoup sur toutes les régions connues : c'est la Syrie pour la douceur du climat et la pureté de l'air; c'est l'Yémen pour la fécondité du sol; c'est l'Inde pour les fleurs et pour les aromates; c'est l'Hedjaz pour les productions de la terre; c'est le Cathay pour les métaux précieux; c'est l'Aden pour les ports et les côtes. »

Le grand événement de l'invasion des Arabes en Espagne a laissé des traces profondes dans l'imagination populaire; il avait été annoncé par des bruits étranges. Il y avait à Tolède, disent les chroniques, un vieil édifice, fermé de temps immémorial. Roderic, croyant y trouver des trésors, le fit ouvrir ; les montagnes voisines tremblèrent sur leur base, et le tonnerre roula dans le ciel. On trouva un tombeau, avec des peintures représentant des gens inconnus, armés de sabres, sur la lame desquels était une inscription. Un Juif déchiffra ces caractères étrangers, et lut : « Le dernier jour de l'Espagne est venu. »

Musa, ayant consulté le khalife Walid, envoya cent Arabes et quatre cents Africains, pour reconnaître le pays, sous la conduite d'un Berbère, nommé Tarik ; ceux-ci poussèrent jusqu'à Algésiras, puis vinrent rendre compte des richesses qu'ils avaient vues. Tarik reçut cinq mille vétérans, à la tête desquels il aborda de nouveau en Espagne ; le rocher de Calpé, où il débarqua, s'est appelé désormais Gibraltar (*Gebel-al-Tarik*, montagne de Tarik) ; le nom de Tarifa rappelle encore le passage du chef berbère. D'autres musulmans rejoignirent bientôt Tarik, qui brûla ses vaisseaux pour leur ôter tout espoir de retour ; enfin, les Juifs établis en Espagne se déclarèrent en sa faveur.

Roderic avait réuni une armée de cent mille hommes. Il vint présenter la bataille aux ennemis, en 711, à Xérès-de-la-Frontera, dans une plaine que traverse le Guadaleté. Tarik adressa aux siens cette courte harangue : « Mes amis, l'ennemi est devant vous, la mer est derrière. Où fuiriez-vous? Suivez votre général; il périra ou foulera aux pieds le roi des Goths. » On combattit pendant sept jours; selon leur usage, la cavalerie et l'infanterie légère des Arabes fatiguèrent par de longues escarmouches les troupes plus pesamment armées de Roderic. La trahison d'Oppas donna enfin la victoire aux Maures; on croit que le roi des Wisigoths se noya, en fuyant, dans les eaux du Guadalquivir.

Les vainqueurs se partagèrent en trois corps. L'un assiégea Ecija, à l'ouest du Xenil. Une ruse singulière frappa les habitants de terreur. Les Arabes firent cuire la chair de quelques cadavres, et feignirent de s'en nourrir, en présence de leurs prisonniers, qu'ils renvoyèrent ensuite. Ceux-ci firent, en rentrant dans la ville, une affreuse peinture des assiégeants. « Comment, disaient-ils, résisterions-nous à des ennemis qui ne manquent jamais de vivres, puisqu'ils vont les prendre sur le champ de bataille? » Ecija se rendit; Malaga et Elvira suivirent son exemple.

Le second corps de l'armée musulmane prit d'assaut la ville de Cordoue. Le troisième, conduit par Tarik en personne, reçut la soumission de Tolède, capitale des Wisigoths : on accorda aux habitants la jouissance de leurs biens et le libre exercice du culte chrétien dans sept églises, mais sans cérémonies extérieures. Les Arabes trouvèrent à Tolède les vingt-cinq couronnes d'or des vingt-cinq rois barbares qui avaient régné sur l'Espagne, ainsi qu'une table d'or et d'émeraudes, qui était appelée la table de Salomon; les Romains l'avaient apportée d'Orient en Italie et les Wisigoths d'Italie en Espagne. Tarik poussa ses conquêtes jusqu'à Gijon, sur les bords de la mer de Biscaye.

Cependant, Musa, jaloux de son lieutenant arrivait à son tour en Andalousie, avec de nouvelles troupes. Maître de Séville sans beaucoup d'efforts, il se mit en marche vers la Lusitanie. La vue de Mérida lui arracha un cri de surprise et d'admiration. « La race humaine, s'écria-t-il a donc réuni ici tout son art et toute sa puissance! Heureux celui qui triomphera de cett ville, monument immense de l'industrie des hommes! » Mérida s'étant rendue après une résistance opiniâtre, Musa se porta sur Tolède ; dans une entrevue qu'il eut avec Tarik, il lui reprocha de s'être réservé une partie des trésors de la conquête, le menaça des verges, et lui reprit son commandement. Puis, tandis que son fils Abd-el-Aziz soumettait Murcie, Jaën, Malaga, Lisbonne, Coïmbre, Braga, Portucalé, Lugo et Pampelune, il franchit en personne les Pyrénées, afin d'occuper la province de Septimanie, dépendance du royaume des Wisigoths (712). Il enleva, dit-on, à Carcassonne, sept statues équestres d'argent massif.

Les plaintes de Tarik étant parvenues jusqu'à la cour de Damas, Musa fut rappelé. Il traversa l'Afrique en triomphateur, escorté de quatre cents Wisigoths ornés de couronnes et de ceintures d'or, et traînant à sa suite trente mille prisonniers. « Le khalife Soliman, qui venait de succéder à son père Walid, le manda devant lui et, avec cette dissimulation orientale qui cache si bien la haine sous les dehors de l'amitié, il s'entretint longtemps avec lui de ses campagnes. « As-tu trouvé, lui dit-il, dans la péninsule, des peuples bien vaillants? — Oui, seigneur, plus vaillants que je ne pourrais te le dire, répondit Musa. — Et que me diras-tu des chrétiens? — Ce sont des lions dans leurs châteaux, des aigles à cheval, des femmes à pied, et des chèvres pour s'enfuir dans leurs montagnes, quand ils sont vaincus. — Et les Berbères? — Ils ressemblent fort aux Arabes dans leur manière d'attaquer, de combattre et de se soutenir; ils sont patients, sobres et hospitaliers comme eux; mais ce sont les gens les plus perfides du monde : promesse ni parole ne sont sacrées pour eux. — Et que penses-tu des Francs? — Ils sont si nombreux, qu'on ne saurait les compter, prompts à l'attaque et braves dans le combat, mais timides et découragés dans la retraite. — Et les as-tu défaits, ou t'ont-ils vaincu? — Non, par Allah! jamais une de mes bannières n'a fui devant eux, et mes soldats n'ont jamais hésité à les attaquer, ne fussent-ils que quarante contre quatre-vingts. » Malgré ces réponses, non moins remarquables par la finesse d'observation que par le courage enthousiaste qui les avait dictées, l'inflexible Soliman n'en vengea pas moins sur le vieux soldat les injures de Tarik. Le conquérant de l'Espagne, vieillard septuagénaire, fut ignominieusement battu de verges et exposé tout un jour au brûlant soleil de Damas, sur la place publique; il fut de plus condamné à payer 200,000 pièces d'or, énorme amende qui le réduisit à la pauvreté. L'homme qui avait eu entre ses mains tous les trésors de l'Espagne fut contraint à aller mendier son pain de tribu en tribu dans les déserts de l'Arabie*. » Le khalife ordonna aussi que l'on mît à mort Abd-el-Aziz, sous prétexte que la veuve de Roderic, qu'il avait épousée, lui essayait, chaque matin, le bandeau royal du dernier prince wisigoth. La tête de cette malheureuse victime fut portée à Musa. « Connais-tu ces traits? lui dit l'envoyé de Soliman. — Oui, répondit le père indigné; il était innocent. Maudit soit de Dieu le barbare qui assassina bien meilleur que lui! »

Une partie des vaincus s'étaient réfugiés dans les montagnes des Asturies et de la Galice, pour défendre leur vie. Ils avaient à leur tête Pélage,

* Rosseeuw Saint-Hilaire, *Histoire d'Espagne.*

issu, dit-on, du sang royal. Les Arabes n'essayèrent pas sans péril de les forcer dans leurs retraites inaccessibles : en 719, plus de soixante mille d'entre eux trouvèrent la mort dans des précipices, à Sainte-Marie-de-Cavadonga.

L'invasion des musulmans ne s'arrêta point en Espagne. «Les provinces méridionales de la France se trouvaient hors d'état d'opposer à ces formidables ennemis une résistance efficace. On était au temps des *rois fainéants* ; le Languedoc se trouvait en partie dans la limite des pays échus à Eudes, duc d'Aquitaine. Mais Eudes, qui se glorifiait d'être issu du sang de Clovis, et qui par conséquent était parent des princes du nord de la France, voyait avec ombrage l'ascendant que les maires du palais prenaient dans cette partie de l'empire, et toute sa politique consistait à empêcher ces ministres ambitieux de supplanter leurs maîtres. De leur côté, les maires du palais ne songeaient qu'à accroître leur autorité, et d'ailleurs, occupés à maintenir la domination des Francs, qui s'étendait alors fort loin en Allemagne, ils voyaient avec quelque indifférence les progrès des Sarrasins dans le Midi. C'est alors qu'Alsamah, chef également célèbre comme administrateur et comme guerrier, s'avança dans le Languedoc et forma le siége de Narbonne. La ville ayant été obligée d'ouvrir ses portes, les hommes furent passés au fil de l'épée, les femmes et les enfants emmenés en esclavage. Narbonne, par sa situation près de la mer et au milieu des marais, offrait un accès facile aux navires qui venaient d'Espagne, et était en état, du côté de la terre, d'opposer une longue résistance. Alsamah résolut d'en faire la place d'armes des musulmans en France, et il en augmenta les fortifications. Il fit de plus occuper les villes voisines ; puis il marcha du côté de Toulouse. Cette ville était alors la capitale de l'Aquitaine. Eudes, craignant pour elle, accourut avec toutes les troupes qu'il put rassembler. Les Sarrasins avaient commencé le siége, et ils mettaient en usage les machines qu'ils avaient apportées. De plus, avec leurs frondes, ils cherchaient à repousser les habitants de dessus les remparts ; la ville était sur le point de se rendre, lorsque Eudes arriva. Au rapport des auteurs arabes, telle était la multitude des chrétiens, que la poussière soulevée par leurs pas obscurcissait la lumière du jour.

Alsamah, pour rassurer les siens, leur rappel ces paroles du Koran : « Si Dieu est pour nous qui sera contre nous ? » Les deux armées, ajouter les Arabes, s'avancèrent l'une contre l'autre ave l'impétuosité des torrents qui se précipitent du hau des montagnes. La lutte fut terrible et le succ longtemps incertain. Alsamah se montrait pa tout ; semblable à un lion que l'ardeur anime, excitait les siens de la voix et du geste, et on r connaissait son passage aux longues traces sang que laissait son épée ; mais, pendant qu'il trouvait au plus épais de la mêlée, une lance l'a teignit et le renversa de cheval. Les Arabes l'aya vu tomber, le désordre se mit dans leurs rang et ils se retirèrent, laissant le terrain couvert leurs morts. Cette bataille se donna au mois mai de l'année 721, et il y périt un grand nomb d'illustres Sarrasins, notamment de ceux q avaient eu part aux conquêtes précédentes. A derrahman, appelé par nos vieilles chroniq Abdérame, prit le commandement des troupes les ramena en Espagne.

« En 724, le nouveau gouverneur d'Espag Ambissa, franchit avec une nombreuse armée

Pyrénées, et résolut de pousser la guerre avec vigueur. Carcassonne fut prise et livrée à toute la fureur du soldat. Nîmes ouvrit ses portes, et des otages choisis parmi ses habitant furent envoyés à Barcelone, pour y répondre de leur fidélité. Les conquêtes d'Ambissa furent plutôt l'ouvrage de l'adresse que de la force, et telle fut l'importance de ces conquêtes, que l'argent enlevé de la Gaule fut le double de ce qui en avait été retiré les années précédentes. Le cours de ces dévastations fut un moment ralenti par la mort d'Ambissa, qui fut tué dans une de ses expéditions, en 725; son lieutenant Hodeysa fut obligé de ramener l'armée sur la frontière; mais bientôt la guerre reprit avec une nouvelle fureur, et, de grands secours étant venus d'Espagne, les chefs, enhardis par le peu de résistance qu'ils rencontraient, ne craignirent pas d'envoyer des détachements dans toutes les directions. Le vent de l'islamisme, dit un auteur arabe, commença dès-lors à souffler de tous côtés contre les chrétiens. La Septimanie jusqu'au Rhône, l'Albigeois, le Rouergue, le Gévaudan, le Velay furent traversés dans tous les sens et livrés aux plus horribles ravages. Ce que le fer épargnait était consumé par les flammes. Plusieurs d'entre les vainqueurs eux-mêmes furent indignés de tant d'atrocités.

« C'est probablement à la même époque, bien que les écrivains arabes ne s'expliquent pas clairement, et que les auteurs chrétiens varient entre eux, qu'il faut placer l'invasion des Sarrasins en Dauphiné, à Lyon et dans la Bourgogne. On ne connaît les lieux où ils pénétrèrent que par les souvenirs des dégâts qu'ils y commirent. Aux environs de Vienne, sur les bords du Rhône, les églises et les couvents n'offraient plus que des ruines. Lyon eut à déplorer la dévastation de ses principales églises ; Mâcon et Châlon-sur-Saône furent saccagés ; Beaune fut en proie à d'horribles ravages ; Autun vit ses églises de Saint-Nazaire et de Saint-Jean livrées aux flammes ; le monastère de Saint-Martin, auprès de la ville, fut abattu ; à Saulieu, l'abbaye de Saint-Andoche fut pillée ; près de Dijon, les Sarrasins abattirent le monastère de Bèze. Ces diverses incursions des Arabes se seraient étendues, suivant l'opinion commune, d'un côté sur les bords de la Loire et de l'autre jusqu'en Franche-Comté *. »

L'invasion la plus formidable des Arabes dans la Gaule eut lieu en 732. Cet Abderrahman, qui avait autrefois sauvé les débris de l'armée d'Alsamah, eut à son tour l'ambition d'ajouter de nouvelles régions à l'empire de l'islamisme. Entrant donc dans la Gascogne par la vallée de la Bidassoa, il ruina les villes d'Oléron, d'Auch et de Dax, ravagea le pays de Comminges et de Bigorre, défit Eudes au passage de la Garonne, et incendia Bordeaux. Dans sa marche vers la Loire, il prit Agen, Périgueux, Saintes et Poitiers, où l'église de Saint-Hilaire fut livrée aux flammes. Charles Martel, qui, sous le nom des princes mérovingiens, régnait sur l'Austrasie et la Neustrie, réunit ses forces à celles du duc d'Aquitaine, et alla présenter la bataille aux musulmans entre Tours et Poitiers. Pendant une semaine entière, on s'observa de part et d'autre. Enfin, Abderrahman ordonna une action générale. Isidore de Béja, presque contemporain de l'événement, est le seul

* Reinaud, *Invasions des Sarrasins en France*.

auteur qui en ait dit quelques mots. « Les Franc étaient rangés comme des murs solides, comm un rempart de glace, contre lequel les Arabes armés à la légère, se brisaient sans l'ébranler. Il s'avançaient et se retiraient rapidement; cependan ils étaient moissonnés par l'épée des Germains sous les coups de laquelle tomba Abderrahma lui-même. La nuit survint, et les Francs élevèren leurs armes, comme pour demander du repos à leurs chefs, voulant se réserver pour le combat d lendemain; car ils voyaient la campagne couvert au loin des tentes des Sarrasins. Mais quand l'aube venue, ils se rangèrent en bataille, ils s'aper çurent que ces tentes étaient vides, et que le Sarrasins, effrayés de la grande perte qu'ils avaien éprouvée, s'étaient retirés pendant la nuit, et s trouvaient déjà loin. »

La victoire de Poitiers eut une importance immense. Les Arabes ne s'étaient proposé rien moins que de subjuguer toute la Gaule; ils voulaient ensuite traverser l'Italie et l'Allemagne revenir par la vallée du Danube sur Constantinople que leurs flottes auraient en même temps assiégée, et étouffer comme dans un réseau l christianisme lui-même. Les Francs brisèrent l'orgueil musulman; en sauvant leur pays, ils sauvèrent peut-être toute la chrétienté, et marquèrent le terme des progrès de l'islamisme. L'imagination populaire exagéra les résultats sanglants de la bataille de Poitiers : le nombre des morts, dit la tradition, fut de quinze cents du côté des Francs, et de trois cent soixante-quinze mille du côté des Arabes. Charles gagna dans cette journée le surnom sous lequel il est connu dans l'histoire. « Pour ce que, dit la chronique de Saint-Denys, comme li martiaus débrise et froisse le fer et l'acier, ainsi froissoit-il et débrisoit-il tous ses ennemis. »

Le duc d'Aquitaine reprit en peu de temps les villes qu'il avait perdues. Cependant, par la trahison d'un seigneur bourguigon, nommé Mauronte, qui livra aux Sarrasins Arles, Avignon et Marseille, le midi de la Gaule fut de nouveau menacé, en 737. Charles Martel ressaisit ces trois villes, et défit une armée musulmane dans la vallée de Corbière; on montre encore à Nîmes les traces de l'incendie qu'il alluma pour en chasser les Arabes. La victoire des chrétiens demeura incomplète : ils ne purent forcer leurs ennemis dans la Septimanie.

En résumé, la religion de Mahomet, née dans un coin de l'Arabie, s'était étendue, dans l'espace d'un siècle, depuis l'Indus jusqu'à l'Océan Atlantique; les successeurs du prophète avaient constitué un empire plus vaste que celui des Romains. Mais leur domination était loin d'avoir la même solidité. Les khalifes Ommiades s'étaient adonnés au luxe, et l'habitude de la magnificence avait bientôt engendré la mollesse. D'un autre côté, l'opinion n'avait jamais cessé de protester contre leur usurpation, contre les moyens par lesquels ils avaient saisi l'autorité. Ce qu'il y avait de violent et d'injuste dans le règne d'une famille qui ne se recommandait ni par des vertus ni par des talents supérieurs, et qui avait persécuté le prophète, ses parents, ses amis et ses compatriotes; cette contradiction avec le principe et l'origine même de la religion, avec la vénération pour la famille de Mahomet, qui est si profondément enracinée dans l'esprit de l'islamisme : toutes ces causes durent amener une réaction. Les Ommiades semblaient eux-mêmes avoir compris leur impopularité ; car ils abolirent de bonne heure l'usage qu'ils avaient établi de prononcer à certains jours des imprécations solennelles contre la mémoire d'Ali.

Sous le khalifat de Merwan II, qu'on avait surnommé l'*âne de Mésopotamie*, à cause de son opiniâtreté invincible, les Abbassides, qui descendaient d'Abbas, oncle de Mahomet, se déclarèrent ouvertement les adversaires des Ommiades. C'était une riche famille, établie en Syrie, où elle possédait trente mille esclaves. Le gouverneur du Khoraçan, Abou-Moslem, cet homme sombre qui ne riait jamais et qui se vanta plus tard d'avoir donné la mort à six cent mille ennemis, leva l'étendard de la révolte en faveur des Abbassides, en 746. Le drapeau noir de l'insurrection fut déployé en face des bannières blanches des Ommiades. Pendant la lutte des *noirs* et des *blancs*, Ibrahim, chef des Abbassides, périt dans une embuscade au retour d'un pèlerinage à La Mecque; mais son frère Aboul-Abbas prit les insignes de khalife dans la ville de Coufah. Merwan, vaincu en bataille rangée par Abou-Moslem, sur les bords du Zab, s'enfuit jusqu'en Egypte, où il fut tué d'un coup de lance, près du village de Bousir (750).

Les Abbassides, élevés au rang suprême, poursuivirent leurs ennemis avec un acharnement incroyable. Ils abattirent le palais des Ommiades, dispersèrent les ossements des anciens khalifes, et chargèrent d'imprécations leur mémoire. Quelques poètes excitaient les partis à la vengeance. « Ne te laisse pas tromper, disait l'un d'eux à Aboul-Abbas, par l'apparence de la soumission ; ces hommes recèlent dans leur sein un mal que nul remède ne saurait guérir. Quitte ton épée, mais prends un fouet, et frappe jusqu'à ce qu'il ne reste plus un seul Ommiade sur le sol que nous foulons à nos pieds. » Ces conseils ne furent que trop fidèlement suivis. Quatre-vingts Ommiades furent attirés à un repas dans la ville de Damas ; un vieux poète vint rappeler en vers énergiques le massacre des Alides. Puis, des bourreaux envahirent la salle du festin ; les Ommiades furent impitoyablement égorgés, et les assassins, couvrant d'un large tapis tous ces cadavres, se livrèrent à l'orgie au milieu de cette scène de carnage. Aboul-Abbas a reçu des Arabes eux-mêmes le surnom d'El-Saffah ou le sanguinaire.

Un seul membre de la famille des Ommiades, Abderrahman, était parvenu à s'enfuir. Il resta caché pendant quatre ans au pied de l'Atlas, dans la tribu des Zénètes. Les émirs d'Espagne l'appelèrent en 756, et le reconnurent pour khalife. Ce fut un schisme durable dans l'empire musulman : il y eut des Ommiades à Cordoue, tandis qu'il y avait des Abbassides en Orient.

Haroun-al-Raschid et les envoyés de Nicéphore.

CHAPITRE VI.

LES ABBASSIDES.

I.

Caractère des Abbassides. — Fondation de Bagdad. — 786 - 809. Règne d'Haroun-al-Raschid. — Guerres contre l'empire grec. — Administration. — Disgrâce des Barmécides. — 813 - 832. Al-Mamoun.

Au temps des Abbassides, le peuple arabe change de caractère. On ne retrouve plus chez lui cette valeur impétueuse qui l'avait rendu si redoutable à ses voisins ; son activité est éteinte, son ardeur militaire semble épuisée, son enthousiasme religieux a perdu sa puissance. Des armées, dix fois plus nombreuses que celles qui avaient soumis la Perse, l'Afrique et l'Espagne, suffiront à peine pour tenter quelques expéditions contre les Grecs dégénérés, et les deux nations se disputeront l'Asie-Mineure avec une alternative de succès ou de revers. Des propriétés stables et positives ont remplacé un butin variable et chanceux; l'égalité militaire des anciens temps a fait place à une hiérarchie régulière : le repos va succéder à la lutte, l'industrie à la dévastation. Les Arabes, enrichis par la conquête des plus belles contrées de la terre, ne dédaignent plus les douceurs de la vie; fatigués de la gloire des armes, ils se reposent désormais dans celle des lettres. Aussi, tandis que la puissance des Ommiades avait été fondée moins sur le Koran que sur le glaive, moins sur le sacerdoce que sur la force, les Abbassides ont été plus pontifes que généraux. Abandonnant à un *vizir* le pouvoir exécutif et le soin de veiller aux intérêts matériels des peuples, ils se sont donné la mission d'organiser pour les arts de la paix ce vaste empire qui n'avait jusqu'alors vécu que pour la guerre.

Le premier des Abbassides, Aboul-Abbas (750-754), établit sa résidence à Coufah, puis à Hachemiah, sur l'Euphrate. Son frère Abou-Giafar (754-775) se débarrassa de quelques hommes qui pouvaient mettre en péril son autorité, comme son oncle Abdallah, et le féroce Abou-Moslem, protecteur de sa famille. Puis il mérita le surnom d'Almanzor ou le *Victorieux* par ses conquêtes sur les Grecs, auxquels il enleva Mopsueste, Mélitène. la Cilicie et la Cappadoce. Almanzor fonda une nouvelle capitale de l'empire : ce fut Bagdad, la *cité de la paix*, au confluent du Tigre et de l'Euphrate ; elle s'embellit des débris des cités qui l'avaient précédée. Ses remparts de briques, construits avec les ruines de Séleucie et de Ctésiphon, furent garnis de cent soixante-trois tours. La ville avait une forme ronde, afin que tous les points de la circonférence fussent également rapprochés du palais du khalife, qui était placé au centre. On a dit avec raison que La Mecque avait été la métropole du culte musulman et la ville sainte des Arabes, Damas leur arsenal militaire, et Bagdad leur académie. En effet, au milieu d'une population qui s'éleva jusqu'à un million six cent mille habitants, les lettres, les sciences et les arts jetèrent le plus vif éclat ; il y eut six mille élèves au collége de Bagdad, et la ville ne compta pas moins de huit cent soixante médecins.

Le successeur d'Almanzor, Mahadi (775-784), fut un prince magnifique et prodigue; il dissipa le trésor des khalifes, qui renfermait plus de 700 millions de notre monnaie. De ses deux fils, l'aîné, Al-Hadi, régna sans gloire pendant deux ans; le second, Haroun (786-809), le plus connu des Abbassides, est resté fameux dans les traditions orientales et dans les récits des *Mille et une Nuits;* il a eu, comme Charlemagne, le privilége d'inspirer les poètes et les romanciers.

Haroun fut heureux dans ses guerres contre l'empire grec. Déjà, du vivant de son père, il avait traversé toute l'Asie-Mineure jusqu'au Bosphore, et imposé à l'impératrice Irène un tribut annuel de 75,000 pièces d'or. Parvenu au trône, il eut bientôt pour adversaire le successeur d'Irène, Nicéphore. Ce prince écrivit au khalife une lettre conçue ainsi :

« Nicéphore, empereur des Romains, à Haroun, souverain des Arabes. — L'impératice qui régnait avant moi vous a traité, si je puis faire allusion au jeu des échecs, comme si vous étiez la tour, pouvant parcourir toute la longueur de l'échiquier, et qu'elle fût un simple pion ne pouvant franchir qu'une case à la fois. Aussi croyait-elle devoir arrêter l'essor de vos courses en vous payant un tribut, tandis que c'est vous qui auriez dû lui en envoyer un, d'une valeur double de celui qu'elle vous accordait. Or, ce tribut, vous ne le devez qu'à sa timidité; car c'était une faible femme. Maintenant c'est un homme qui vous parle : vous aurez donc à me rendre, aussitôt que vous aurez lu ma lettre, tout l'argent que vous avez reçu de Constantinople. Autrement, ce sera l'épée qui décidera entre vous et moi. »

En même temps, l'envoyé grec jeta aux pieds du khalife, comme menace et défi, un faisceau de javelots. Haroun, ayant tiré son cimeterre trempé dans les eaux de Damas, trancha d'un seul coup ces javelots, et traça ces mots derrière l'orgueilleux message de Nicéphore :

« Haroun, commandant des fidèles, à Nicéphore, chien de Romain. — J'ai lu ta lettre, ô fils d'une infidèle! Tu n'entendras pas ma réponse, tu la verras. » En effet, dit un historien, il l'inscrivit en caractères de feu et de sang, depuis les sommets du Taurus jusqu'aux rives du Bosphore. Huit expéditions successives désolèrent l'Asie-Mineure, qui reconnut enfin l'autorité du khalife. Les Grecs, apercevant en face de Constantinople l'étendard noir des Abbassides, pressèrent Nicéphore de se soumettre au tribut.

Haroun était un prince d'une rare piété. Il fit cinq fois le pèlerinage de La Mecque; quand les soins de l'administration ou de la guerre l'empêchaient d'accomplir ce précepte du Koran, il envoyait à sa place trois cents pèlerins, qui étaient généreusement défrayés. Tous les jours, il faisait cent génuflexions, et donnait 1,000 drachmes d'aumônes. Sa magnanimité à l'égard de quelques criminels lui valut le surnom d'*Al-Raschid* ou le juste. Les savants, les jurisconsultes, les grammairiens, les poètes, les musiciens étaient accueillis à la cour. Les Arabes étudièrent les auteurs grecs et traduisirent leurs livres; ils réunirent des manuscrits de toutes les parties de l'Asie. Jamais Haroun ne bâtit une mosquée sans y joindre une école.

La réputation d'Haroun engagea Charlemagne à lui envoyer des députés; ils devaient réclamer son appui en faveur des chrétiens, qui commençaient dès-lors à visiter Jérusalem. Le khalife leur accorda de précieuses franchises pour le pèlerinage en Terre-Sainte; il les fit à son tour accompagner par des ambassadeurs, chargés d'offrir au chef des Francs un pavillon en étoffe de soie, assez grand pour abriter tous les officiers de la cour; un éléphant, animal inconnu en Europe depuis les guerres puniques; des singes du Bengale et des parfums d'Arabie, une horloge qui marquait et sonnait les heures, indiquait les phases de la lune et les jours de la semaine; enfin, les clefs du saint-sépulcre. A ces présents Haroun joignait une offre singulière. « Je soumettrai, disait-il, à la puissance de Charles la terre promise à Abraham et montrée à Josué; je serai son lieutenant sur cette terre. Qu'il m'envoie, quand il voudra, des ambassadeurs; ils me trouveront administrateur fidèle des revenus de cette province. » Quelques années plus tard, d'autres envoyés du khalife disaient encore à Charlemagne : « Ta puissance est grande, ô empereur! mais ta réputation est plus grande encore. Les Perses, les Mèdes, les Indiens te redoutent plus qu'Haroun, notre seigneur; les

Grecs ont moins peur des flots de la mer Ionienne. » Charles leur donna pour leur maître des chevaux et des mulets d'Espagne, des toiles de Frise, des chiens assez agiles pour chasser les tigres et les lions.

L'histoire reproche au khalife Haroun l'extermination de la famille des Barmécides, originaires de la ville de Balkh, dans le Khoraçan. Leurs grandes richesses et leurs sciences les avaient appelés à jouer un rôle important. Giafar, l'un d'eux, fut visir d'Haroun. « La famille des Barmécides, dit un chroniqueur arabe, dans son emphase orientale, fut à son siècle ce qu'est un ornement sur le front, une couronne sur la tête. Leurs actions généreuses passèrent en proverbe : on se rendait de toutes parts à leur cour ; toutes les espérances reposaient sur eux. La fortune leur prodigua tout ce que ses faveurs ont de plus séduisant, et les combla de ses dons. Ils étaient comme des astres brillants, de vastes océans, des torrents impétueux, des pluies bienfaisantes. Tous les genres de connaissances et de talents se trouvaient réunis en foule autour d'eux, et les hommes de mérite y trouvaient un accueil distingué. Le monde fut vivifié sous leur administration, et l'empire porté au plus haut point de splendeur. Ils étaient le refuge des affligés, la ressource des malheureux, et c'est d'eux que le poète Abou-Nowas a dit : — Depuis que le monde vous a perdus, ô fils de Barmek ! on a cessé de voir les routes couvertes de voyageurs au lever de l'aurore et au coucher de l'astre du jour *. »

Quelle fut la cause de la subite disgrâce de Giafar et de tous les Barmécides ? Les historiens arabes ne sont pas d'accord à ce sujet. Selon les uns, Giafar se serait attiré la mort pour avoir épousé secrètement la sœur du khalife. D'autres prétendent que les Barmécides, en abusant de leur pouvoir, s'étaient fait de nombreux ennemis, et étaient particulièrement coupables de concussion. Peut-être Haroun fut-il blessé lui-même de l'empressement que montraient les courtisans à assiéger leur palais; et il paraît aussi que Giafar, chargé de faire périr un descendant des Alides, le fit au contraire évader. Giafar, après dix-sept années de puissance, eut la tête tranchée; ses

* Silvestre de Sacy, *Chrestomathie arabe*.

restes, exposés pendant deux ans aux regards de la multitude, furent ensuite brûlés et jetés au vent. Tous les Barmécides furent enveloppés dans la même proscription, et leurs biens confisqués. Le vieux Mondir, qui leur devait sa fortune, osa se placer en face de leur palais désert, et vanter leurs vertus : le khalife, non content de lui pardonner, le renvoya chargé de présents.

Haroun-al-Raschid mourut en 809, après un règne de vingt-deux ans. Il avait dit avant d'expirer, à ceux qui l'entouraient : « Voici donc l'instant redouté qui s'approche; j'étais pour tous les hommes un sujet d'envie, et maintenant pour qui ne serais-je pas un objet de pitié? Prenons courage cependant, et soyons digne de nous-même; car, pitié ou envie, les regards du monde sont fixés sur nous. »

Les fils d'Haroun se firent une guerre acharnée pendant quatre ans; enfin, en 813, Al-Mamoun l'emporta. Ce khalife fut un protecteur éclairé des sciences et de la littérature. « Il regardait les savants, dit Aboulfarage, comme des êtres choisis par Dieu pour perfectionner la raison; c'étaient les flambeaux du monde, les guides du genre humain; sans eux la terre devait retourner à la barbarie primitive. » Al-Mamoun fit transcrire du grec les ouvrages qui traitaient d'astronomie, de géométrie, de médecine, de philosophie, et les fit traduire d'abord en syriaque, puis en arabe. Un enseignement public fut organisé dans les villes importantes; le khalife assistait en personne aux conférences où se traitaient les matières les plus ardues. On raconte qu'il entreprit une longue guerre pour enlever à Constantinople un savant renommé, et qu'il ne se retira qu'au prix d'un manuscrit précieux d'Aristote.

Après Al-Mamoun, la liste des Abbassides ne présente plus aucun souverain remarquable. Les khalifes tombent dans une indolence funeste à leur autorité. On venait annoncer à l'un d'eux le soulèvement du Khoraçan; comme il se divertissait à la pêche sur les bords d'une rivière : « Ne trouble pas mon plaisir, dit-il au messager; car mon affranchi a déja pris deux poissons, et moi je n'en ai pas pris un seul. » Un autre envoyé lui apprit bientôt que la ville de Bagdad était menacée par les rebelles; il le trouva gravement occupé à défendre une partie d'échecs contre un de ses favoris, et ne reçut que cette réponse : « Laissez-moi ; une seule distraction pourrait m'empêcher de faire mon adversaire échec et mat. »

Désormais, il serait sans interêt d'étudier les règnes des Abbassides; il faut rechercher seulement les causes qui accélérèrent la ruine de leur empire.

II.

Causes de la décadence des Abbassides : 1° Schismes dans l'islamisme : Rawendites, Ismaéliens, Karmathes, Druses et Assassins. — 2° Luxe des Khalifes. — 3° Puissance de la garde turque et des Emirs-al-Omrah. — 4° Insurrection des gouverneurs de provinces : Edrissites, Aglabites, Tholounides, Fatimites, Tahérides, Soffarides, Samanides, Bouides. — 5° Invasions de tribus nouvelles : Gaznévides, Turcs Seldjoukides. — 1258. — Destruction de l'empire des Abbassides par les Mongols.

Au nombre des causes qui ont ébranlé la puissance des Abbassides, on doit mentionner en première ligne les schismes qui éclatèrent au sein même de l'islamisme. Le Koran avait voulu concentrer tous les pouvoirs dans le khalifat : plusieurs sectes cherchèrent à briser cette unité qui avait été un principe de grandeur, et attaquèrent l'autorité des successeurs du prophète. En général, les hérésies furent de deux sortes : les unes étaient l'œuvre de certains fourbes en qui l'exemple de Mahomet avait éveillé l'ambition de l'apostolat, et qui prétendaient être des prophètes, ou tout au moins sentir en eux une intelligence divine ayant la vertu des miracles; les autres mutilaient la doctrine du Koran pour l'adapter à des passions ou à des besoins personnels.

Les Abbassides favorisèrent ces divisions intestines. « En effet, Al-Mamoun ordonna de reconnaître que le Koran était un livre non pas éternel, mais créé. C'était, dans l'opinion des vrais croyants, proclamer une insigne hérésie. En attaquant l'éternité du Koran pour faire descendre ce livre au rang de chose créée, le khalife portait atteinte à l'unité de la foi dont il devait être le fidèle gardien et le premier défenseur, et cette atteinte était fatale au principe même de l'islamisme. Il livrait les dogmes immuables, émanés de Dieu par l'intermédiaire de son prophète, à l'esprit de froid examen, de controverse et de querelles subtiles, qui tue la croyance et l'enthousiasme. Là fut la faute d'Al-Mamoun. N'étaient-ce pas la foi et l'enthousiasme qui avaient fait, des tribus isolées et barbares de l'Arabie, la première nation du monde? N'étaient-ce pas les commandements et les promesses du Koran, qui, soutenant l'énergie guerrière des enfants de Mahomet, stimulant leur courage et ouvrant à leurs espérances les éternelles félicités du paradis, les faisaient voler de conquêtes en conquêtes? Le khalife veut imposer au peuple arabe les nouvelles idées qu'il a conçues sur la nature du Koran. C'était déraciner cette foi aveugle et profonde qui faisait la force de l'Arabie; c'était briser aux mains des Arabes l'arme qui leur avait soumis le monde. Telle fut de tout temps la plaie de l'islamisme. Dans son despotisme absolu, la loi religieuse y presse la société tout entière d'un cercle étroit dont elle ne peut sortir. Ce despotisme, favorable à la conquête, ne permettait pas l'examen. Conquérants et missionnaires, les Arabes avaient été puissants; quand l'heure du raisonnement sonna pour eux, ils ne tardèrent pas à se diviser, et perdirent rapidement l'influence qu'ils devaient à leur enthousiasme[1]. »

---

[1] N. Desvergers.

Il existe, d'ailleurs, dans l'islamisme, certains côtés vulnérables sur lesquels ont dû porter les attaques. D'abord, quoique Mahomet se soit prononcé énergiquement contre les cultes qui dominaient encore de son temps en Asie, tels que le magisme, le sabéisme ou l'idolâtrie, il est entré à certains égards en transaction avec eux. Ainsi, c'est un signe de transaction que la conservation de la Pierre noire dans le temple de la Kaaba. L'étude tout humaine des astres, la foi à l'influence des constellations sur la destinée de l'homme, d'autres concessions encore, ont dû laisser une certaine vie aux dogmes des religions antérieures. En effet, dans les hérésies qui ne professent pas la doctrine pure du Koran, on rencontre la trace des cultes païens que l'islamisme était venu détruire en Asie.

Un autre point par lequel l'islamisme a donné accès aux hérésies, c'est la puissance odieuse du fait qui domine dans son histoire. Ce mépris du droit et de la justice, cette victoire du sabre, ces persécutions des descendants et des compagnons du prophète, tout cela a dû exciter des répulsions, des mouvements de révolte qui ont communiqué une force singulière à toutes les opinions qui se sont séparées de la foi musulmane. Les manifestations des hérétiques devinrent presque toujours politiques, les mécontents se joignant à eux dès qu'il s'agissait d'attaquer la puissance de la dynastie régnante.

Enfin, le mouvement qui a porté les Abbassides à ouvrir les sources de la science, à rassembler les manuscrits des principaux philosophes grecs, à les faire passer dans la langue arabe, à en répandre les doctrines parmi les sectateurs de l'islamisme; ce mouvement a été l'un des principaux mobiles de l'incrédulité chez les musulmans. Les sectes ont d'abord prêché des doctrines, puis elles se sont armées pour les imposer, et elles ont couvert le monde de séditions et de ruines.

Dès les premières années des Abbassides, la secte des Rawendites, ainsi nommée parce qu'elle avait pour centre la ville de Rawend, prêcha la doctrine de la métempsycose. Le khalife Almanzor l'extermina.

Au commencement du neuvième siècle, un imposteur, nommé Babek, fut le chef de la secte des Ismaéliens en Perse et en Arménie. Il enseignait l'indifférence des actions humaines et la communauté de tous les biens; c'était la dissolution de la société. Après vingt années de guerre, qui coûtèrent un million d'hommes, il fut pris et conduit à Bagdad, où on lui coupa les pieds et les mains. Son parti perdit toute importance.

La doctrine des Karmathes au dixième siècle présente une grande analogie avec celle des Ismaéliens ; elle se répandit principalement en Arabie, en Syrie et en Égypte. Karmath inspira à ses disciples le plus profond mépris pour la révélation de Mahomet, les dispensa de la prière, du jeûne, de l'aumône, et les autorisa à égorger les ennemis de leurs croyances, à piller leurs biens, à fouler aux pieds toutes les lois. Pendant près de cinquante années, les Karmathes firent la désolation de l'Orient. Ils saccagèrent Baalbeck, Coufah et Bassora, et rançonnèrent Damas. Cinq cents d'entre eux osèrent se présenter devant Bagdad; leur chef dit à un lieutenant du khalife Moktader : « Ton maître a trente mille soldats; mais il n'y trouverait pas trois hommes comme ceux-ci. » Puis il fit venir trois des siens, commanda à l'un de se poignarder, au second de se jeter dans le

Tigre, au troisième de se précipiter d'une roche escarpée. Les trois fanatiques obéirent, et le chef karmathe ajouta à l'envoyé stupéfait : « Va dire au khalife qu'avec de pareils hommes, quel que soit leur nombre, je veux demain l'enchaîner parmi mes chiens. » La menace fut exécutée.

Les Karmathes se portèrent également sur La Mecque, en 930, et la prirent d'assaut ; cinquante mille musulmans périrent en défendant la Kaaba. Les vainqueurs profanèrent les choses les plus sacrées, comblèrent de cadavres le puits de Zemzem, mirent en pièces le voile de la Kaaba, enlevèrent la Pierre noire, et, pour souiller le temple, y enterrèrent trois mille morts. Ces excès perdirent bientôt la secte tout entière : la discorde se mit parmi les Karmathes, et partout on les poursuivit avec rage, quand ils se furent dispersés.

En Égypte, un certain Hakem se fit le dieu d'un nouveau culte ; il prétendait être l'incarnation de la Divinité. Il fonda la *Maison de la Sagesse*, qui était pour le public une académie où toute science était indiquée, mais dont les véritables doctrines étaient réservées aux initiés. Hakem enseignait que toute législation religieuse était soumise à la législation philosophique, que les religions positives ne devaient exister que pour les simples d'esprit, que la foi et la morale étaient choses absurdes, et qu'il n'y avait point de différence entre le vice et la vertu. C'est cette doctrine, propagée par Durzi, qui subsiste encore dans le Liban, parmi les Druses.

La secte des Assassins, dont la puissance fut redoutable à l'époque des croisades, n'était, selon toute apparence, qu'une ramification de celle des Druses. Ce nom d'Assassins (*Haschichin*) a passé dans les langues modernes; il dérive du mot *haschich*, qui, en arabe, sert à désigner une sorte de jusquiame, plante dont la décoction produit des effets analogues à ceux de l'opium. Ce breuvage jetait les sectaires dans une ivresse furieuse, qui leur inspirait le mépris de toute espèce de danger, et les rendait plus propres à l'exécution des crimes auxquels ils se dévouaient. Le premier chef des Assassins, Hassan-Sabah, déclarait à ses adeptes que le temps de l'observation stricte du Koran était passé, que toutes ses pratiques n'étaient qu'allégories, qu'il n'y avait rien de vrai au monde que l'existence et ses plaisirs. Les Assassins, comme les Karmathes, poussaient l'obéissance jusqu'au fanatisme : pendant les croisades, un comte de Champagne vit deux de ces sectaires s'élancer du haut d'une tour à la voix de leur chef.

Un luxe excessif, signe de la décrépitude des empires, contribua à la chute des Abbassides, aussi bien que les dissensions religieuses.

Le prophète avait dit : « Ne portez pas d'habits de soie; car celui qui s'en revêt dans ce monde ne s'en revêtira jamais dans l'éternité. — Le feu de l'enfer consumera les entrailles de celui qui boit et mange dans des vases d'or ou d'argent. » Omar, le second khalife, confirma les paroles de Mahomet : « L'islamisme est le vêtement le plus beau, l'ornement le plus magnifique, la plus brillante parure de tous ceux qui vivent sous ses lois. » Cependant, ces recommandations furent promptement oubliées, et tout ce que l'on raconte de la magnificence des Arabes surpasse les merveilles de la cour des empereurs romains.

Cet Abou-Moslem, qui renversa les Ommiades au profit des Abbassides, distribua deux fois par jour, pendant ses pèlerinages à La Mecque, une robe précieuse à chacun de ses convives. On consommait chaque jour, pour le service de ses tables, huit mille gâteaux, mille moutons, des bœufs et des volailles à proportion ; mille femmes étaient employées dans ses cuisines, dont le bagage, quand il fallait le transporter, n'exigeait pas moins de douze cents bêtes de somme.

Le père d'Haroun, Mahadi, dépensa, dans un pèlerinage à La Mecque, 6,000,000 de dinars d'or * : il se faisait suivre d'une multitude de chameaux chargés de neige, pour rafraîchir les boissons et les fruits qu'on servait sur sa table. Cent cinquante mille robes d'étoffes choisies furent distribuées aux habitants de La Mecque.

Zobéïda, femme d'Haroun-al-Raschid, fut la première qui se servit de vases d'or rehaussés de pierres précieuses, et qui fit dresser des tentes dont l'étoffe était tissue avec des fils d'argent. Elle portait des robes de soie doublées d'hermine, et des pantoufles toutes brodées de perles fines.

Le khalife Al-Mamoun éclipsa tous ses prédécesseurs. Le jour de son avénement, il distribua

* Le dinar vaut environ dix francs.

2,400,000 dinars d'or. Lorsqu'il épousa Bouran, la fille de son vizir Hassan, on plaça sur la tête de la mariée mille perles du plus grand prix; on fit brûler un cierge d'ambre du poids de quatre-vingts livres. Tous les assistants participèrent aux libéralités du khalife : il avait fait préparer une assez grande quantité de flèches, sur chacune desquelles se trouvait inscrit le nom d'une de ses propriétés; ces flèches innocentes furent jetées au hasard dans le groupe des invités, et chacun devint possesseur de la terre dont le nom était désigné sur la flèche qui l'avait atteint.

Enfin, l'historien Aboulféda nous donne le détail suivant de la cour du khalife Moktader : « Toute l'armée du khalife était sous les armes; la cavalerie et l'infanterie formaient un corps de cent soixante mille hommes; les grands officiers, vêtus de la manière la plus brillante, ayant des baudriers qui étincelaient d'or et de pierreries, se trouvaient rangés autour de leur chef suprême. On voyait ensuite sept mille eunuques, parmi lesquels on en comptait quatre mille blancs; puis, sept cents gardes d'appartement. Des chaloupes et des canots, richement décorés, étalaient leurs banderoles sur le Tigre. La somptuosité régnait partout dans l'intérieur du palais ; on y remarquait trente-huit mille pièces de tapisserie, parmi lesquelles douze mille cinq cents étaient de soie brodée en or; on y trouvait vingt-deux mille tapis de pied. Le khalife entretenait cent lions avec un garde pour chacun d'eux. Entre autres raffinements d'un luxe merveilleux, il ne faut pas oublier un arbre d'or et d'argent qui portait dix-huit branches, sur lesquelles, ainsi que sur les rameaux naturels, on apercevait des oiseaux de toute espèce : ces oiseaux et les feuilles de l'arbre étaient faits des métaux les plus précieux. Cet arbre se balançait comme les arbres de nos bois, et alors on entendait le ramage des différents oiseaux. »

Le luxe engendre la mollesse et la débauche. En se livrant aux excès, les khalifes firent perdre à leur puissance religieuse tout son prestige. Les esprits se refusèrent à croire à l'infaillibilité d'hommes en qui ils voyaient réunis tous les vices de la nature humaine. La débauche est une preuve de lâcheté du cœur et d'abrutissement de l'intelligence. Le mauvais exemple, donné de si haut et si publiquement, porta bientôt ses fruits : on en vint à suivre avec moins d'exactitude les prescriptions du Koran, dont s'exemptaient les chefs mêmes des fidèles. De là à l'extinction de la foi religieuse il n'y avait plus qu'un pas.

Le khalife Motassem, frère et successeur d'Al-Mamoun, compromit sa puissance et celle de sa dynastie entière par une institution funeste, celle de la garde turque, en 841. Les Arabes devenaient incapables de se gouverner et de se défendre ; ils eurent recours aux tribus énergiques du nord de l'Asie. Cinquante mille hommes, recrutés dans le Turkestan, formèrent la garde personnelle des vicaires du prophète ; l'émir qui les commanda fut, en peu d'années, le véritable chef de l'empire. Des esclaves turcs affranchis furent également mis en possession des charges importantes, et jouirent d'une influence égale à celle des affranchis sous l'empire romain. La garde turque joua, chez les Abbassides, le même rôle que les prétoriens à Rome, et plus tard les mamelouks en Égypte ou les janissaires à Constantinople. Des cinquante-six khalifes qui régnèrent depuis Mahomet, quarante-deux perdirent la vie ou le trône d'une manière violente. Le khalife, privé de toute puissance politique, ne fut désormais que le souverain pontife de l'islamisme; les chefs des provinces se contentèrent de faire en son nom la prière dans les mosquées, et de lui envoyer, pour tout tribut, de l'ambre, du musc ou de la soie.

L'autorité des khalifes se trouva, d'ailleurs, anéantie par la création de la dignité d'*émir-al-omrah* ou émir suprême, en 936. Ce nouveau fonctionnaire fut chargé de l'administration des affaires civiles et militaires; il suppléa même le souverain dans ses attributions sacerdotales, et se fit nommer après lui dans les prières publiques. Le vizirat disparut bientôt, lorsque la charge d'émir-al-omrah fut devenue héréditaire : le khalife, dont le premier ministre était fatigué, était enveloppé dans un tapis noir et jeté dans le Tigre, à moins qu'on ne l'étranglât avec son turban. La dignité de l'émir-al-omrah n'était pas sans analogie avec celle des maires du palais en France sous les rois fainéants.

Une autre cause de la ruine des Abbassides fut l'immensité même de l'empire arabe. L'Espagne, l'Afrique, l'Égypte et l'Asie, rapprochées un in tant par la conquête, ne pouvaient rester lon temps réunies : il y avait, dans les états d successeurs de Mahomet comme dans ceux Charlemagne, une trop grande diversité de cl mats, de mœurs, de langages, d'institutions, est impossible que la violence contienne à jama des populations ainsi divisées; les nationalités comprimées d'abord, reprennent leur empire toutes les barrières naturelles des peuples se re lèvent, et la réaction des vaincus contre les vain queurs est irrésistible. Sous les Abbassides, le chefs militaires, les gouverneurs de province mirent à profit la disposition des esprits pour sa tisfaire leur propre ambition. « Un code à la foi religieux et politique, la confusion de l'autorit morale et de la force matérielle restèrent le vic originel de l'islamisme. Le successeur du pro phète, investi d'un pouvoir sans égal, sans con trôle, devait être un sage à l'abri des faiblesses humaines, ou un tyran. Plus l'empire des Arabes s'étendit par la conquête, plus les vices inhérents à sa constitution devinrent apparents. Les kha lifes déléguèrent à des étrangers le pouvoir exécutif. Aux hommes éminents, aux grandes familles, le Koran n'avait fait aucune place : son joug de fer avait tout courbé sous le même niveau. Cependant, chaque jour, la guerre, la conquête, la faveur, quelquefois le hasard, élevaient au-dessus du vulgaire des hommes puissants, énergiques, qui, se sentant une valeur propre, s'accommodaient mal de l'abaissement dans lequel tendait sans cesse à les replacer la puissance théocratique des khalifes. De là les haines, les révoltes, les insurrections qui ne tardèrent pas à déchirer l'empire. Les gouverneurs de provinces tentèrent d'échapper au pouvoir terrestre des khalifes, et de fonder des états indépendants qu'ils pussent transmettre à leurs fils. Telle fut l'une des causes sérieuses de la dissolution de l'empire des Abbassides*. »

Dès le temps d'Haroun-al-Raschid, en 788, un descendant d'Ali, Édris, se ménagea parmi les Berbères du Magreb une puissante influence, et se rendit indépendant. Ses descendants, appelés Edrissites, bâtirent la ville de Fez, et enlevèrent

* N. Desvergers.

sans retour aux Abbassides toute la partie occiden tale de l'Afrique formant aujourd'hui le Maroc.

En 800, Ibrahim, fils d'Aglab et gouverneu de l'Afrique, se souleva dans le pays de Kairoan les Aglabites régnèrent depuis Tunis jusqu'à l frontières de l'Egypte. C'est des ports de leu états que partirent ces farouches Sarrasins qu ravagèrent les côtes de l'Italie et de la Provenc sous les faibles enfants de Charlemagne, et ceu qui s'emparèrent de la Sicile, où ils devaient do miner pendant deux siècles.

L'Egypte, plus rapprochée du centre de l'em pire arabe, échappa néanmoins aux Abbassides En 869, le gouverneur de ce pays, Tholoun, secou le joug ; mais, si les khalifes renversèrent les Tho lounides, en 905, ils ne purent ressaisir la pro vince qu'ils avaient perdue. En effet, trois an après, un membre de la secte des Karmathes Obéïdallah, qui prétendait descendre d'Ali et d Fatime, souleva les tribus de l'Afrique contre le Aglabites et les Edrissites, et déposséda ces deu familles. Son quatrième successeur, Moëz-Lédi nillah, occupa l'Egypte, bâtit la ville du Cair (973) sur l'emplacement de Fostatt, et fut le che des khalifes Fatimites, qui régnèrent jusqu'à la fin du douzième siècle. La généalogie de cette famille n'est nullement prouvée; l'opinion de ceux qui refusent de voir dans les Fatimites les descendants de la fille de Mahomet sembla confirmée par une parole de Moëz lui-même. Il disait, en montrant son épée : « Voilà mes aïeux; » et en désisignant ses soldats : « Voilà ma famille. »

L'Asie, aussi bien que l'Afrique, vit s'élever une foule de dynasties indépendantes. En 820, Taher, qui avait reçu le gouvernement du Khoraçan et de toute la partie orientale de l'empire, se mit en révolte ouverte contre le khalife Al-Mamoun. La famille des Tahérides compta six princes indépendants jusqu'en 873. A cette époque, Yacoub, envoyé par le khalife de Bagdad avec une nombreuse armée, fit la conquête du Khoraçan, et substitua sa propre dynastie à celle des vaincus. Les Soffarides* ne conservèrent pas longtemps les provinces situées au-delà du Tigre : en 902, ils furent dépouillés par des Tartares convertis à

* Ce mot vient de *soffar* (chaudronnier); le père d'Yacoub avait exercé cette profession.

l'islamisme, les Samanides, qui vinrent du fon de la Transoxiane. Enfin, la famille des Bouide s'appropria la Perse, en 933.

Ainsi, vers la fin du dixième siècle, il ne re tait aux Abbassides que les pays compris ent le Tigre et la Méditerranée. Les invasions d quelques peuples nouveaux dans l'histoire ne tar deront pas à les leur enlever.

En effet, en 997, une tribu tartare, commandé par la famille des Gaznévides, après avoir fait un invasion dans l'Inde et soumis à l'islamisme le tribus idolâtres du Pendjab et du Moultan, s'a vança vers l'Asie occidentale, où elle se rend maîtresse de la Médie et d'une partie de la Perse

Derrière elle, on vit bientôt arriver une hord de Turcs, qui doivent à un de leurs premiers chef Seldjouk, le surnom de Seldjoukides. Ces Turc avaient à leur tête Togrul-Beg, et étaient appelé par le khalife Caïm, menacé jusque dans Bagda par les dynasties indépendantes. Ils exterminèren les Gaznévides à la bataille de Zendékan (1038), e firent disparaître les Bouides et les Samanides dont ils occupèrent les provinces. Caïm avait cr trouver des alliés; il s'était donné des maîtres

Togrul-Beg fit une entrée solennelle à Bagdad, prit le titre d'émir-al-omrah, et devint beau-frère et gendre du khalife : pour prendre possession de son autorité nouvelle, il consentit à se soumettre à une cérémonie dérisoire, qui cachait mal la faiblesse des Abbassides. Caïm, assis derrière un voile noir et portant le bâton de l'apôtre, reçut Togrul-Beg dans son palais, le revêtit de sept robes, lui donna sept captifs nés dans les sept climats soumis aux Arabes, mit sur sa tête un voile parfumé de musc et deux couronnes, afin de montrer qu'il était maître en Orient et en Occident, et lui ceignit une épée magnifique. Sous Alp-Arslan et Malek-Schah, successeurs de Togrul-Beg, les Seldjoukides étendirent leur domination depuis le Bosphore jusqu'à l'Arabie Heureuse, et depuis Jérusalem jusqu'à l'Inde.

Les derniers Abbassides, réduits dans leur capitale au rôle de pontifes couronnés, furent témoins des efforts que tentèrent les chrétiens, pendant les croisades, pour conquérir la Terre-Sainte ; mais ils ne prirent aucune part à cette lutte de deux siècles, que soutinrent tour à tour les Seldjoukides, les Atabecks et les Ayoubites. Devant eux se succédèrent les peuples et les chefs de guerre, et toujours ils subirent la tyrannie du plus fort. L'Asie changea fréquemment de maîtres, jusqu'au moment où Gengis-Khan fonda le vaste empire des Mongols. Un des héritiers de ce conquérant tartare, Houlagou, s'approcha de Bagdad, en 1258. Il envoya au khalife Mostasem-Billah une dépêche conçue en ces termes : « Bien que ta maison soit ancienne et illustre, et ta race favorisée de la fortune, la lune ne brille que quand le soleil est caché. Tu n'ignores pas comment les Mongols ont traité le monde depuis Gengis-Khan. » Après lui avoir rappelé les dynasties et les nations détruites, il le sommait de se reconnaître son vassal. « Veux-tu sauver ta tête et ton antique famille? Ecoute mon conseil. Si tu le repousses, tu verras quelle est la volonté de Dieu. »

Le khalife, oubliant sa faiblesse, et enivré par les flatteries de ses courtisans, s'écriait : « Est-il quelque chose à redouter pour la famille d'Abbas? Les monarques qui règnent sur la face du monde ne vont-ils pas de pair avec mes soldats? » Il fit dire au chef mongol : « C'est par l'ordre de Dieu que les fils d'Abbas commandent sur la terre. Il soutient leur trône, et leurs ennemis seront châtiés dans ce monde et dans l'autre. Qui est donc cet Houlagou qui ose s'élever contre eux? S'il veut la paix, qu'il se retire à l'instant de leur territoire sacré; et il obtiendra peut-être de notre clémence le pardon de sa faute. » Houlagou, en recevant cette réponse, s'écria : « Le khalife se montre à notre égard tortueux comme son arc; mais si l'Eternel me protége, je punirai cet audacieux en le redressant comme une flèche. »

Bagdad fut prise après deux mois de siége, et mise à feu et à sang pendant sept jours : tout fut pillé, détruit, livré aux flammes. Quatre-vingt mille personnes périrent. Les Mongols jetèrent dans le Tigre tous les livres des colléges; il s'en forma un pont sur lequel pouvaient passer les gens de pied et les cavaliers, et l'eau du fleuve en devint toute noire. Mostásem et ses fils, après quelques jours de captivité, furent renfermés dans des sacs et foulés aux pieds des chevaux.

Ainsi finit le khalifat d'Orient : il avait duré six cent vingt-six ans, depuis la mort de Mahomet. Aucun prince ne réunit plus le titre de commandeur des croyants et celui de grand-pontife de l'islamisme, double titre qui constituait le khalifat. Quelques descendants des Abbassides furent accueillis en Egypte, où des chefs militaires se servirent de leur nom pour autoriser leur propre pouvoir ; ils y gardèrent le titre illusoire de khalife et une ombre de souveraineté jusqu'à la conquête du pays par les Turcs ottomans au seizième siècle.

Quant au khalifat d'Occident, fondé à Cordoue, en 756, par l'Ommiade Abderrahman, son histoire, entièrement distincte de celle des Arabes, appartient à l'Europe. D'ailleurs, ce khalifat eut une durée plus éphémère que l'empire de Bagdad : il disparut au commencement du onzième siècle, et sur ses ruines s'élevèrent les petits états musulmans de Murcie, Badajoz, Grenade, Saragosse, Majorque, Séville, Valence, Cordoue, Tolède, que les chrétiens d'Espagne ont conquis pied à pied.

Le peuple arabe est depuis longtemps rentré dans ses solitudes ; il ne menace plus la liberté du monde. Mais le Koran est encore aujourd'hui la loi de deux cent millions d'hommes.

CHAPITRE VII.

CONCLUSION.

I.

Influence des Arabes sur la civilisation de l'Europe occidentale : — Poésie. — Philosophie. — Mathématiques. — Géographie — Médecine. — Sciences physiques et naturelles. — Prospérité de l'Espagne. — Beaux-Arts.

Les premiers Arabes, se renfermant dans les limites du Koran et de la tradition, avaient pu repousser les sciences comme inutiles ou dangereuses. Leurs successeurs, et particulièrement les Abbassides, favorisèrent le développement des études, en faisant passer dans la langue arabe un grand nombre d'ouvrages empruntés aux Byzantins. Jean Damascène avait été déjà l'initiateur des Ommiades dans le domaine de la philosophie grecque. Les khalifes Almanzor et Haroun-al-Raschid instituèrent des sociétés de traducteurs. C'est ainsi que certains auteurs anciens, traduits par les Arabes, arrivèrent, pendant les douzième et treizième siècles, à l'aide d'autres traductions en latin, chez les peuples de l'Europe occidentale.

Les colléges, inconnus aux Grecs et aux Romains, mais connus à la Chine, se multiplièrent chez les Arabes. Coufah et Bassora eurent des académies littéraires, où les gens instruits se réunissaient pour lire leurs écrits. Des écoles célèbres furent fondées dans les villes de Bagdad, Alexandrie, Cordoue, Grenade, Valence, Séville; de riches bibliothèques se formèrent au Caire, à Fez; on en comptait plus de soixante-dix en Andalousie, et le khalife de Cordoue Al-Hakem rédigea lui-même le catalogue d'une collection de quatre cent mille volumes. Il y eut aussi partout des musées d'antiquités et de beaux-arts.

Aux neuvième et dixième siècles, alors que la vie des temps féodaux était encore si rude en

Europe, et que les moines, les seuls conservateurs de la science et du génie, ne luttaient qu'avec la plus grande peine contre l'ignorance, qui tendait à tout envahir, les lettres et les sciences étaient enseignées chez les Arabes à de nombreux auditoires. C'est aux écoles musulmanes de l'Espagne et de l'Égypte qu'allaient chercher la lumière les hommes qui voulurent rétablir l'autorité de la science en Occident.

Parmi les hommes célèbres qui puisèrent leur instruction chez les Arabes, on cite Gerbert, qui devint précepteur du fils de Hugues Capet, puis évêque de Reims, archevêque de Ravenne, et enfin pape sous le nom de Sylvestre II. Il est vrai que, d'après une chronique récemment découverte, celle de Richer, le secrétaire, l'ami et l'élève de Gerbert, ce savant n'aurait point étudié chez les musulmans, mais dans les écoles chrétiennes d'Espagne. A supposer même que ces écoles n'eussent pas subi l'influence des Arabes, l'inexactitude de la tradition relative à Gerbert n'infirmerait point un fait général. Au douzième siècle encore, Pierre le Vénérable allait interroger les savants de la péninsule.

L'influence des Arabes sur la civilisation de l'Occident ne saurait être sérieusement contestée. « Quelle fut l'action de l'Arabie sur la pensée poétique, sur le développement de la littérature proprement dite en Europe? Les Arabes n'avaient emprunté à l'antiquité que les travaux de ses savants et de ses philosophes : le génie de ses poètes ou de ses historiens n'avait pour eux aucun charme, et c'est en vain que nous chercherions, parmi les nombreuses traductions entreprises sous le règne des Abbassides, quelques-unes des pages perdues de Tite-Live ou de Polybe. Or, les idiômes de l'Europe méridionale, formés du latin, sont trop étrangers au génie des langues orientales pour que, sous le rapport littéraire, nos ancêtres aient jamais été chercher leurs modèles dans la langue du Koran. D'ailleurs, quelques emprunts, quelques imitations souvent accidentelles ne constituent pas une analogie véritable entre les littératures; il faut encore que les mœurs, les génies, les climats, les habitudes s'appellent ou se rapprochent, et aucun rapport de ce genre ne liait les musulmans aux chrétiens de l'Europe méridionale. En faudra-t-il conclure que la littérature des Arabes d'Espagne n'a pas influé sur la littérature de la Provence au moyen-âge? Cette assertion ne serait pas exacte. Si la poésie des troubadours ne résulte pas de l'étude régulière des poètes de l'Arabie, elle reçut, par mille détours, le souffle de la poésie arabe, et c'est par cette voie que la verve orientale vint animer les compositions de notre Occident : commerce intime nécessité par le voisinage, échange d'idées, traités, guerres ou alliances, établirent de bonne heure entre les deux races une transmission invisible. Souvent les chrétiens d'Espagne abandonnaient l'étude de la langue latine, séduits qu'ils étaient par les beautés de la littérature orientale. Si nous observons que les *tensons* des troubadours ressemblent aux chants d'amour des poètes musulmans, que la rime est orientale, et nous apparaît pour la première fois en Europe dans la poésie provençale, ne devons-nous pas conclure que l'influence arabe, exercée par le voisinage des états, la communication des cours, le contact des peuples, s'est souvent fait sentir au-delà des Pyrénées? Favorisées par une langue sonore et brillante, les compositions des poètes de la Provence réagirent, à leur tour, sur d'autres contrées de l'Europe. Nous pouvons donc considérer l'élément arabe comme ayant coloré de quelques rayons chauds et poétiques la littérature de l'Occident*. »

Ajoutons que, par une étude approfondie des poèmes chevaleresques du moyen-âge, on arriverait à saisir de grandes analogies entre nos guerriers du temps des Croisades et le célèbre Antar, le modèle des héros arabes. Les aventures d'Antar ressemblent à celles d'Amadis, de Galaor ou des chevaliers de la Table-Ronde.

Les Arabes ont été les maîtres des Européens du moyen-âge dans beaucoup de sciences. Les doctrines d'Alkendi, d'Alfarabi, d'Avicenne et d'Averroës, disciples d'Aristote ou de ses commentateurs néoplatoniciens, influèrent fortement sur l'enseignement de la philosophie dans nos écoles. Pressés par les arguments des Juifs et des chrétiens contre la vérité du Koran, les premiers disciples de Mahomet avaient fait taire leurs antagonistes par les armes; mais quand les Arabes furent un peuple instruit, ils soutinrent habilement la

* N. Desvergers.

controverse, et tirèrent leurs armes de la logique d'Aristote. Longtemps on ne connut en Europe les doctrines du philosophe grec que par les traductions d'Averroës.

Les connaissances des Arabes dans les sciences mathématiques ont été considérables. Ils empruntèrent à l'Inde les chiffres nommés communément chiffres arabes, et employés depuis des siècles dans toute l'Europe. Ils allèrent en algèbre jusqu'aux équations simples et composées. La trigonométrie reçut d'eux la forme sous laquelle on l'étudie maintenant. L'astronomie fit de remarquables progrès : les instruments dont on se servit pour les observations furent les quarts de cercle, le sextant, l'astrolabe, le cadran solaire. Du milieu des plaines de la Chaldée, sous un ciel sans nuages, les Arabes prirent la hauteur du pôle, et tentèrent de mesurer la terre; ils ont déterminé la longueur de l'année sidérale, l'obliquité de l'écliptique, la position des équinoxes et l'excentricité de l'ellipse solaire.

Le zèle des musulmans pour leur religion leur fit entreprendre de longs voyages dans l'intention de la propager. La science géographique en retira de précieux enseignements : en effet, des cartes des pays conquis étaient levées par l'ordre des khalifes. La géographie d'Edrisi, composée au onzième siècle, est le plus curieux dépôt des connaissances des Arabes : l'exactitude des mesures itinéraires et l'intérêt des détails font encore maintenant consulter cet ouvrage.

Les Arabes acquirent une grande célébrité dans la médecine. Il est vrai qu'ils avaient emprunté la plupart de leurs pratiques aux Grecs, Hippocrate et Galien, Théophraste et Dioscoride. Le khalife de Cordoue Abderrahman III fonda, au dixième siècle, la première école de médecine qui existât en Europe; et la réputation en fut telle, que le roi de Léon Sanche le Gros demanda la permission de venir à Cordoue se faire traiter par les musulmans. La médecine en Europe, pendant près de six cents ans, a été empreinte de la doctrine des Arabes. On doit dire que ce peuple fut ignorant dans l'art de l'anatomie et de la chirurgie : la loi défend les dissections, parce que, dans l'opinion musulmane, l'âme ne quitte pas le corps au moment de la mort, mais attend longtemps l'interrogatoire des anges.

Les études de chimie eurent plus de succès. Dès le huitième siècle, Geber écrivit plusieurs livres, où il mentionne des préparations mercurielles, comme le sublimé corrosif, le précipité rouge, le nitrate d'argent, l'acide nitrique et le nitre muriatique. C'est aux Arabes qu'on est redevable de l'alchimie, cette prétendue science de la transmutation des métaux, qui n'a produit pour le moyen-âge que l'absurde projet de faire de l'or; mais, en cherchant la pierre philosophale, les alchimistes firent d'importantes découvertes.

La botanique a été enrichie de deux mille plantes par les Arabes, et la connaissance qu'ils eurent du monde végétal leur donna les moyens de perfectionner la pharmaceutique. C'est d'eux que nous vinrent les noms d'alcool, de julep, de sirop, de camphre, de benzoar, de naphte, etc.

En un mot, la science des Arabes a été, pour ainsi dire, l'anneau qui unit le génie ancien au génie moderne. Ils ont transmis à l'Europe certaines inventions qui, pour être restées à peu près stériles entre leurs mains, n'en ont pas moins puissamment contribué aux progrès de la civilisation chez les peuples chrétiens. Ainsi, les

Arabes apprirent des habitants de Samarcande la fabrication du papier de linge, qu'ils répandirent dans le reste du monde, et qui remplaça le papyrus et le parchemin devenus fort rares. L'usage de la boussole et de la poudre à canon vint de la Chine, par l'entremise des musulmans.

On peut juger, en général, de la prospérité dont jouirent certaines régions, au moins durant quelques siècles, sous la domination arabe, par les récits des historiens, relativement à l'Espagne. Les habitants de la péninsule, voulant exprimer les heureux effets de la conquête musulmane, disaient proverbialement : « Les Arabes nous ont pris notre pays, mais ils l'ont couvert d'or. » En effet, l'agriculture, le commerce et l'industrie furent l'objet d'une protection intelligente. Chaque province se couvrit de plantations appropriées au sol et au climat. De nombreux aqueducs servaient à l'arrosement des champs et des prairies ; on avait introduit d'excellents systèmes de culture. Le riz, le coton, le mûrier, la canne à sucre, le palmier, le safran, le bananier prospérèrent à côté de l'olivier, de l'oranger et de la vigne. Les cuirs de Cordoue, les draps de Murcie, les soies de Grenade et d'Alméria devinrent très-recherchés. Séville avait soixante mille métiers à tisser la soie seulement; en 1742, on n'en comptait, dans toute l'Espagne, que dix mille pour la soie et la laine. Des mines très-riches furent exploitées à Jaën et vers la source du Tage. Malaga et Béja fournissaient des rubis; on pêchait le corail sur les côtes de l'Andalousie, et des perles en vue de Tarragone.

L'Espagne renfermait, outre Cordoue, six autres villes de premier ordre, Tolède, Mérida, Saragosse, Valence, Murcie et Grenade; quatre-vingts de second ordre; trois cents de rang subalterne. Le Guadalquivir arrosait douze mille villages ou hameaux. Au temps des Maures, Tolède avait 200,000 habitants, et Séville 300,000, tandis qu'aujourd'hui elles n'en comptent plus, l'une que 25,000, et l'autre que 90,000. Le diocèse de Salamanque contenait alors cent vingt-cinq villes ou bourgs; il n'y en a maintenant que treize. Cordoue, dans un circuit de huit lieues, comprenait soixante palais, deux cent douze mille maisons, quatre-vingt-cinq mille boutiques, neuf cents bains publics, six cents mosquées, dix-sept établissements d'instruction : qu'est devenue cette splendeur ?

On aurait peine à croire toutes les merveilles que les historiens racontent sur les monuments des Arabes, si l'on ne pouvait encore en juger de nos jours.

La grande mosquée de Cordoue, convertie aujourd'hui en cathédrale, a six cents pieds de long sur deux cent cinquante de large. Cent colonnes de marbre ou de jaspe forment l'enceinte intérieure de la coupole, et neuf cent quatre-vingt-treize autres partagent l'édifice entier en dix-neuf nefs, dont chacune a sa porte en bronze ornée de bas-reliefs ; celle du milieu est dorée. Pendant le règne des khalifes, la mosquée était éclairée par quatre mille sept cents lampes, qui brûlaient annuellement cent vingt mille livres d'huile ; on employait aussi chaque année cent vingt livres de bois d'aloès et d'ambre gris pour la parfumer.

Près de Cordoue, le palais de la sultane Zahra, dont la construction avait duré vingt ans, était pavé en mosaïque, et lambrissé d'or et d'azur ; les voûtes étaient soutenues par quatre mille trois cents colonnes de marbres variés ; au milieu d'un bassin tout en jaspe, flottait un cygne d'or, sur la tête duquel était suspendue une énorme perle. Du milieu d'une conque de porphyre s'élançait un jet de vif-argent, qui, reflétant les rayons du soleil, éblouissait les yeux.

On a prétendu que les fenêtres à ogive, employées dans l'architecture chrétienne du moyen-âge, nous venaient des musulmans. Cette assertion ne repose sur aucune base solide, bien qu'à l'Alcazar de Séville le cintre mauresque se combine avec l'ogive d'une manière très-gracieuse. Ce que l'on a réellement emprunté à l'architecture arabe, ce sont ces ornements capricieux et bizarres, ces feuilles d'arbres orientaux entrelacées, ces figures d'oiseaux à têtes d'hommes, et mille autres formes singulières que l'on remarque dans les monuments gothiques.

II.

État actuel et Avenir de la Religion mahometane.

Il ne reste plus aucune trace de cet éclat que les contrées musulmanes ont jeté durant le moyen-âge. A considérer la situation présente des régions où Mahomet implanta sa doctrine, on est convaincu que la grandeur de l'Arabie tint principalement à l'expansion naturelle et spontanée de sa population, à une surexcitation passagère de ses facultés, au libre essor de l'imagination et du génie oriental. Car l'islamisme n'est par lui-même qu'une semence de mort.

Depuis longtemps, l'épée des Arabes n'est plus la terreur du monde; l'ardeur de leur prosélytisme s'est éteinte. Et cependant, leur religion est dominante en Asie et en Afrique. Quels résultats a-t-elle produits?

Toute la prospérité de l'islamisme n'a abouti qu'à des ruines; ses succès les plus brillants n'ont rien eu de durable. Le désert recouvre aujourd'hui les contrées domptées par les musulmans; les rares tribus qui les habitent sont barbares; la religion du Prophète n'a paru dans le monde que pour détruire. Tout le royaume des Pharaons et des Ptolémées, qui eut sept millions d'habitants, n'en contient pas au-delà d'un million et demi. Depuis quatre siècles, nulle révolution notable n'a changé le sort de l'Asie occidentale; ni chrétiens, ni musulmans ne sont venus y porter la désolation; et pourtant les provinces sont abandonnées. Pour un village que le voyageur rencontre sur sa route, il trouve l'emplacement de dix autres qui ne sont plus signalés que par les tombes des musulmans. Sur le territoire le plus fertile qu'il y ait au monde, un territoire béni par la nature et qui réunit les conditions les plus favorables du climat, des eaux, du sol, des expositions et des ombrages, s'étend un désert à peine interrompu par quelques oasis. Dans l'intervalle de ces oasis, la preuve qui reste de l'ancienne culture, ce sont les cimetières, seule chose durable que l'islamisme sache fonder.

Voilà les fruits tardifs, mais naturels, de la religion de Mahomet. Quoiqu'il ne soit pas donné à l'homme de connaître les décrets divins, on peut affirmer que l'islamisme est entré dans la dernière phase de sa vie, et qu'il porte tous les caractères de la dissolution et de la mort.

Sans doute, les musulmans sont toujours fidèles aux prescriptions de leur prophète. Le premier effort de l'éducation chez ces peuples est d'inspirer aux enfants de l'horreur pour les chrétiens, qu'on leur enseigne à distinguer du nom de giaour. Le Koran les avertit de ne pas discuter avec eux, et c'est peut-être à ce refus de combat par les armes du bon sens et du raisonnement qu'il faut attribuer le peu de progrès de nos missionnaires. Mais qu'on envisage la situation même de l'Arabie, où la doctrine aurait dû se conserver plus pure et inspirer une foi plus durable. Au rapport de Niebuhr, les tribus du désert, plaisamment indifférentes, s'expriment ainsi : « La religion de Mahomet n'a jamais pu être établie pour nous. Sans eau dans les déserts, comment ferions-nous les ablutions prescrites? Sans argent, comment donnerions-nous l'aumône? Le jeûne du Ramadhan est un commandement inutile pour ceux qui jeûnent toute l'année; et, si Dieu est partout, pourquoi irions-nous l'adorer à La Mecque? » C'est dans l'empire ottoman que Mahomet conserve ses disciples les plus sincères et les plus zélés : là encore, la doctrine est devenue un objet de controverse et d'incrédulité. Les docteurs de la mosquée déclarent que quiconque nie le libre arbitre viole la religion et mérite la mort; ils comprennent que le dogme de la prédestination énerve l'âme, qui n'entreprend plus rien de mâle et de généreux.

Il est possible que l'islamisme ne disparaisse jamais de la terre. Car nous avons aujourd'hui dans le monde des représentants de toutes les religions qui ont existé. Mais ce qui est inévitable, c'est la destruction de l'islamisme comme principe agissant et dominant dans de grandes agrégations politiques. Le musulman sera détrompé à la fin, sur toute la surface du globe, de ces principes d'orgueil et de confiance, cause première de sa force. Après le découragement dans les faits, viendra le changement dans les mœurs. La soumission de l'Algérie par la France a été un coup terrible pour l'islamisme politique : les habitants des États Barbaresques acceptent, dans cette persistance de l'adversité qui les frappe, le triomphe des chrétiens comme un arrêt du Ciel. L'Angleterre terrasse aux Grandes - Indes les quinze millions de mahométans qui n'ont point subi la religion de Brahma ou de Boudha. Les Turcs d'Europe tentent de se régénérer par l'adoption de la tactique militaire et même des institutions de leurs voisins ; mais leur puissance est tellement affaiblie, qu'une des préoccupations constantes de la politique européenne est d'arrêter la marche des Russes, qui les étreignent de toutes parts. Les musulmans de la Perse sont étouffés entre les possessions asiatiques du tzar et les colonies anglaises de l'Hindoustan. Ne semble-t-il pas que le siècle approche où le christianisme dominera seul dans l'ancien monde? Car il a été écrit *que les fils de Japhet habiteront dans les tentes de Sem, et que leurs frères seront leurs esclaves.*

FIN.

TABLE.

PAGES.

CHAPITRE PREMIER.

CHAPITRE II.

CHAPITRE III.

CHAPITRE IV.

Les premiers Khalifes.

CHAPITRE V.

Les Ommiades.

CHAPITRE VI.

LES ABBASSIDES.

CHAPITRE VII.

CONCLUSION.

FIN DE LA TABLE.

ROUEN. Imp. MÉGARD et Cie, Grand'Rue, 156.

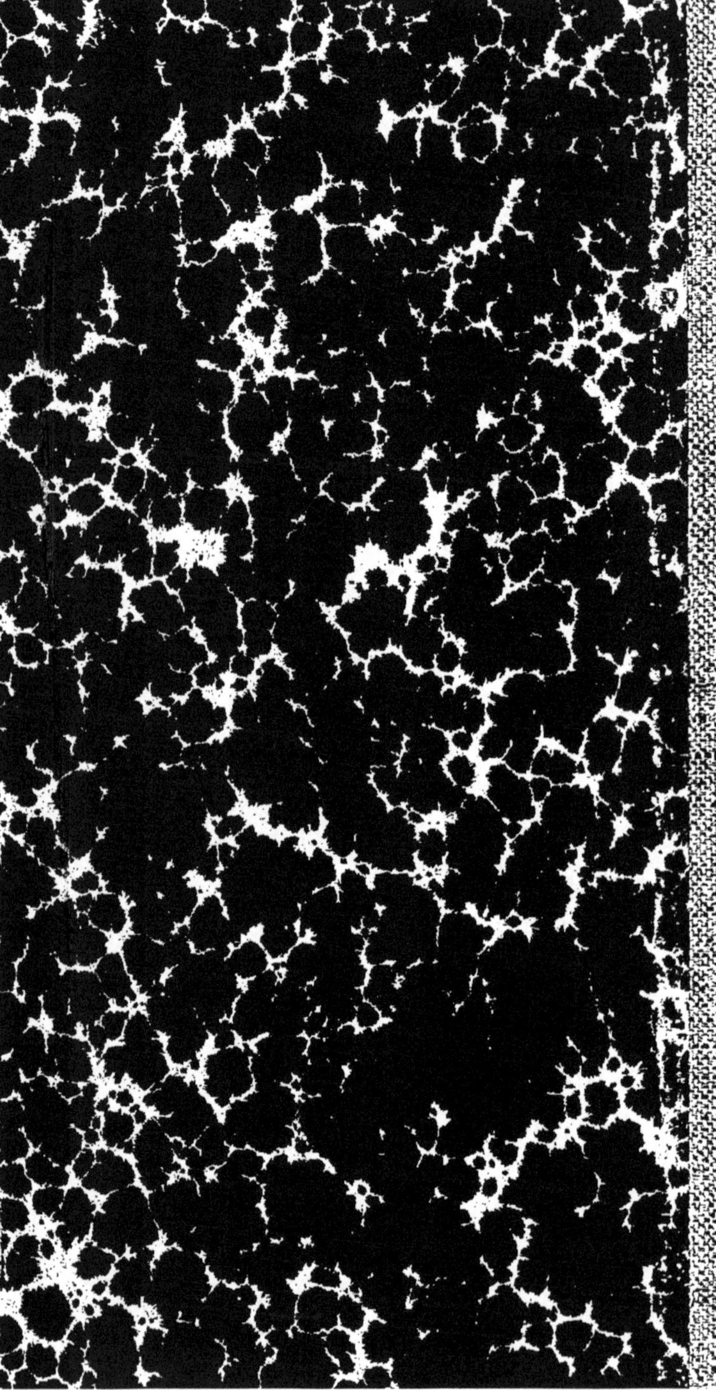

www.ingramcontent.com/pod-product-compliance
Ingram Content Group UK Ltd.
Pitfield, Milton Keynes, MK11 3LW, UK
UKHW020434200726
13857UKWH00002B/420